Astrologia e Cristianismo
em diálogo

Luiz Carlos de Carvalho Teixeira de Freitas

Astrologia e Cristianismo
em diálogo

EDITORA
IDEIAS&
LETRAS

Direção Editorial:
Marlos Aurélio

Copidesque e Revisão:
Luiz Filipe Armani

Conselho Editorial:
Fábio E. R. Silva
Márcio Fabri dos Anjos
Mauro Vilela

Capa e Diagramação:
Tatiana Alleoni Crivellari

Todos os direitos em língua portuguesa, para o Brasil, reservados à Editora Ideias & Letras, 2017.

1ª impressão

Imagem da Capa: Afresco do Monastério Ortodoxo de S. João de Rila, Bulgária (Jesus Cristo circundado pelos Signos do Zodíaco, século XIX)
Imagem da Quarta Capa: Signo de Capricórnio em vitral da Catedral de Notre Dame de Chartres, França (século XIII)

Rua Barão de Itapetininga, 274
República - São Paulo /SP
Cep: 01042-000 – (11) 3862-4831
Televendas: 0800 777 6004
vendas@ideiaseletras.com.br
www.ideiaseletras.com.br

Dados Internacionais de Catalogação na Publicação (CIP)
(Câmara Brasileira do Livro, SP, Brasil)

Astrologia e Cristianismo em diálogo / Luiz Carlos de Carvalho Teixeira de Freitas
São Paulo: Ideias & Letras, 2017.
Bibliografia.
ISBN 978-85-5580-027-6

1. Astrologia 2. Astrologia – Aspectos religiosos – Cristianismo 3. Cristianismo 4. Espiritualidade. I. Título.

17-05364 CDD-133.5

Índice para catálogo sistemático:
1. Astrologia e Cristianismo 133.5

Sumário

Apresentação   7

Introdução   11

Capítulo 1
As origens da oposição cristã à Astrologia   15

Capítulo 2
A suposição de "influência dos corpos celestes"   19

Capítulo 3
Repensando a noção de energia dos astros   27

Capítulo 4
A ação de "espíritos não bons" (ou "poderes ocultos")   65

Capítulo 5
Eis a questão: o que faz a Astrologia funcionar?   71

Capítulo 6
Campos imateriais cocausando a existência   89

Capítulo 7
Condicionamento *versus* livre-arbítrio   105

Referências bibliográficas   131

Apresentação

Tive a grata surpresa de receber um carinhoso e repentino convite do amigo Luiz Carlos, a quem conheci primeiro por seu belo e rico trabalho de *O simbolismo astrológico e a psique humana* e, depois, a quem a vida me deu a oportunidade de ter contato por meio de várias horas de boas conversas. Grata surpresa, porque, apesar de conhecer a profundidade do pensamento deste importante autor, não imaginava que ele, assim como eu, havia enveredado pelo debate entre Religião, Astrologia e Ciência.

Tal caminho de reconsiderar noções e fundamentos epistemológicos que têm se solidificado no imaginário social por séculos é cara tarefa para quem busca, com honestidade, priorizar o conhecimento – transdisciplinar em essência –, acima dos pressupostos de disciplinas que tentam contemplá-lo e só o fazem de viés, pois ramo algum do conhecimento poderia abarcá-lo em sua totalidade.

Digo que o convite foi repentino, porque, infelizmente, restou-me pouco tempo antes do fechar editorial das cortinas para amarrar tantas frentes robustas de discussão. Espero, contudo, estar à altura do desafio e contribuir para inspirar que leitores e leitoras indecisos, ao abrir estas primeiras páginas, se convençam do valor do debate aqui proposto por Luiz Carlos.

A história do Cristianismo, contada a partir de seus representantes, que produzem sentido e debatem os dogmas e princípios da religião, não é de fato "o" Cristianismo, mas sua porção intelectual. Há muito mais nas religiões que aquilo que se produz em sua teologia. A religião viva, experimentada e adaptada por adeptos e adeptas, ocorre de modo independente dos ditames dos líderes religiosos, como sistema paralelo e sobrevivente. Não é só o conhecimento erudito que determina os caminhos das religiões, mas também o popular.

Ao chegar às Ciências das Religiões no Mestrado estive diante das críticas que a história cristã formal apontava, de cunho desmoralizador, à Astrologia, assim como as ciências viriam a fazer, séculos mais tarde, ao estruturar seu corpo mais duro de metodologia. E também os ateísmos – que visitei em meus estudos de Doutorado – tratam de modo generalista a Astrologia, como um resquício de saberes ultrapassados e supersticiosos, quando não, perigosos para a mentalidade humana.

O paradoxo se apresentava claro: ao realizar um estudo junto à Central de Pesquisas da Escola Gaia, com acadêmicos e acadêmicas acerca de seu conhecimento e adesão à Astrologia, encontrei um resultado indubitável: cientistas aderem bem mais à Astrologia do que seu discurso deixa supor.

Fui aos poucos compreendendo que estas fronteiras e lugares referem-se muito mais a disputas epistemológicas, do que propriamente a desencontros definitivos de pressupostos ou estilos de vida. Na prática, a Astrologia sobreviveu pela via popular, assim como as religiões, uma vez que a via erudita do conhecimento acabou surrupiada pelo paradigma da Ciência, como se este fora o único trilho legítimo de acesso ao conhecimento. Esta deslegitimação de saberes, que faz com que alguns utilizem apelidos jocosos, como "coisa do Diabo", "pensamento primitivo" e "superstição", em relação à Astrologia e outros campos, não apaga a articulação essencial dos saberes e a intuição de que o conhecimento é maior que aqueles(as) que o produzem e seus pedaços espalhados por aí.

Em relação ao Cristianismo – rico em simbolismos e com a característica de absorver vivências populares e saberes como os pagãos antigos –, o cisma em relação ao conhecimento astrológico deixou de ter relevância, como outrora ocorreu (em tempos de São Tomás de Aquino, por exemplo). Não há, necessariamente, um desencontro de pressupostos entre Cristianismo e Astrologia, pois a correspondência entre astros e seres humanos, especialmente com o advento da Astrologia Contemporânea, passa mais por um paradigma de representação, analogia e simbolismo, e menos por um sistema de correspondência concreto (físico) ou de fé no sentido religioso.

O sistema astrológico não precisa desafiar o sistema religioso cristão, porque existem vias de abordar a sua correlação e diálogo, permitindo sermos, obviamente, religiosos(as) cristãos(ãs) e astrólogos(as) ou usuários(as) de Astrologia ao mesmo tempo.

Acreditando, portanto, em uma convivência criativa e dinâmica destes pressupostos epistemológicos: Astrologia, Religião e Ciência, de modo a libertar o ser de limitações artificiais no conhecimento, recomendo o mergulho na obra de Luiz Carlos Teixeira de Freitas, de modo a reconciliarmos o que intuitivamente já sabemos: conhecer é reconhecer com novas lentes. Grata, Luiz, pela oportunidade.

Clarissa De Franco
Psicóloga, Astróloga e Doutora em Ciências das Religiões

Introdução

Este estudo nasceu do convívio com um cristão fervoroso. Culto, preparado intelectualmente e honesto em sua fé, na primeira vez em que mencionei interesse por Astrologia ele manifestou mais que ceticismo: expressou aversão, senão temor.

Isso despertou-me a atenção: o que teria induzido atitude tão veemente?

Como me foi dito, era assunto contrário ao que um bom cristão deve crer, com o que trouxe o tema para o campo da fé e sequer roçou a mais usual argumentação anti-Astrologia: não é científica, não é lógica, não é racional.

Dispus-me, então, a compreender as razões dessa vigorosa reação afetiva em prol da fé, em vez de desconsiderar o que fora aberta e manifesta oposição ao que eu dissera interessar-me.

Muitos de nós, ao sermos confrontados, por defesa desvalorizamos *a priori* o argumento do outro e, com isso, deixamos de recepcionar os seus motivos, recepção, esta, que é requisito de uma verdadeira comunhão de pensamentos.

Como construir uma ponte dialogal enriquecedora sem primeiro ver o assunto pelos olhos do interlocutor, para só depois poder contra-argumentar com maior propriedade, se for o caso?

Para isto pensei em visitar o pensamento de teólogos cristãos como S. Agostinho, S. Tomás de Aquino e S. Alberto Magno, sem perder de vista o que é meu interesse central na Astrologia: a compreensão dos dinamismos conscientes e inconscientes da mente humana.

Pois, como entendo a questão, não dá para progredir no desenvolvimento espiritual, pouco importa a religião acreditada, se não se pretende avançar bastante no autoconhecimento para aperfeiçoamento íntimo, o que obriga a pensar nas Ciências do Comportamento e da Consciência.

O mesmo se dá com a Astrologia, na qual, a meu ver, também pouco se prospera se não se cogitar sobre a mente, pela Psicologia.

O psiquiatra e psicólogo suíço Carl Gustav Jung (1875-1961) lembrou, em carta pessoal de 1947, que:

> "A Astrologia é de interesse especial para o psicólogo, uma vez que ela contém uma espécie de experiência psicológica que chamamos 'projeção' – isto significa que encontramos os fatos psicológicos como que nas constelações siderais. Disso se originou a ideia de que estes fatores derivavam dos astros, ainda que estejam em mera sincronicidade com eles".[1]

Ele já explicara, em **Os arquétipos e o inconsciente coletivo**, que:

> "Todos os acontecimentos mitologizados da natureza, tais como o verão e o inverno, as fases da lua, as estações chuvosas, etc., não são de modo algum alegorias destas experiências objetivas, mas, sim, expressões simbólicas do drama interno e inconsciente

---
1 Carl Gustav Jung. *Cartas 1946-1955*. p. 81.

da alma, que a consciência humana consegue apreender através de projeção – isto é, espelhadas nos fenômenos da natureza. A projeção é tão radical que foram necessários vários milênios de civilização para desligá-la de algum modo de seu objeto exterior [...]. No caso da Astrologia, por exemplo, chegou-se a considerar esta antiquíssima *scientia intuitiva* como absolutamente herética, por não conseguir separar das estrelas a caracterologia psicológica. Mesmo hoje, [até] quem acredita ainda na Astrologia sucumbe quase invariavelmente à antiga superstição da influência dos astros. 'As estrelas do teu próprio destino jazem em teu peito', diz Seni em Wallestein [poema dramático de Friedrich Schiller],[2] dito que resgataria a Astrologia, por pouco que soubéssemos deste segredo do coração. Mas até então o homem pouco se interessara por isso. Nem mesmo ouso afirmar que as coisas tenham melhorado atualmente".[3]

Certamente não melhoraram, o que permite pensar que, se 1% dos brasileiros que se declaram cristãos, sejam católicos, protestantes ou orientais ortodoxos, forem fervorosos e obedientes às questões de fé, ao menos 1,6 milhão de pessoas estarão inclinadas a ficar distantes da Astrologia e de toda a riqueza de conhecimentos que ela pode oferecer a quem a busca com mansidão e interesse ativo em melhorar-se, mais do que com volúpia de poder pelo conhecimento.

Foi pensando em meu amigo católico e em todas essas pessoas que desenvolvi este estudo.

---

2 Toda inserção entre colchetes em citação ou texto de alguém é feita por mim, para inserir informação ou esclarecer melhor.
3 Carl Gustav Jung. *Os arquétipos e o inconsciente coletivo*. p. 8 e 18.

Capítulo 1

As origens da oposição cristã à Astrologia

Dentro de sua fé, os cristãos têm sólidos argumentos para se oporem à Astrologia, ao menos como ela costumou ser vista no transcorrer dos séculos.

Antes de ir adiante, entretanto, é preciso esclarecer que, ao mencionar *cristãos*, o faço com rigor terminológico, pois em uma cultura como a brasileira é comum dizerem-se cristãs muitas alternativas religiosas nas quais os núcleos de fé propriamente cristãos são sincretizados – com o que, o que é típico da fé cristã se descaracteriza – ou sequer estão presentes, como o de Jesus Cristo ter sido o próprio Deus feito carne e não, só, *um espírito evoluído* (donde Maria, Mãe de Deus, na **Ave-Maria**, e, não, Maria, Mãe de Jesus, como se ora em alguns lugares), ou o de haver um único Deus a adorar e louvar e, não, uma pluralidade de deuses ou deus algum.

O **Catecismo da Igreja Católica**, documento central da Santa Sé, é preciso:

> "*Todas as formas de adivinhação devem ser rejeitadas*: recurso a Satanás ou aos demônios, evocação dos mortos ou outras práticas supostamente 'reveladoras' do futuro. A consulta dos horóscopos,

a astrologia, a quiromancia, a interpretação de presságios e de sortes, os fenômenos de vidência, o recurso aos 'médiuns', tudo isso encerra uma vontade de dominar o tempo, a história e, finalmente, os homens, ao mesmo tempo que é um desejo de conluio com os poderes ocultos. Todas essas práticas estão em contradição com a honra e o respeito, penetrados de temor amoroso, que devemos a Deus e só a Ele".[4] [itálico meu]

Recurso a Satanás ou aos demônios: eis a razão da aversão temerosa! O **Catecismo** se apoia em trechos da **Bíblia**. Segundo o **Deuteronômio**:

"Não haverá no meio de ti ninguém que faça passar pelo fogo seu filho ou sua filha, que interrogue os oráculos, pratique sortilégios, magia, encantamentos, enfeitiçamentos, recorra a adivinhação ou consulte os mortos".[5]

Ou, conforme **Jeremias**:[6]

"Sim, assim fala o Senhor de todo o poder, Deus de Israel: não vos deixeis enganar pelos profetas e pelos adivinhos que estão no meio de vós, nem presteis atenção aos vossos sonhos; o que eles profetizam em meu nome é falso: eu não os enviei – oráculo do Senhor".[7]

Dentre as três virtudes teologais (das quais a terceira, e não em importância, é a caridade), se as virtudes da fé e da esperança são o que deve orientar e suster o fiel na existência, a tentativa de controle do futuro (pela busca de adivinhação) contraria a atitude esperançosa de fé.

---

4 *Catecismo da Igreja Católica*, Artigo 2.116, 3ª Parte, 2ª Seção.
5 Dt 18, 10.
6 Para uniformização, todas as referências bíblicas foram extraídas da *Bíblia TEB – Tradução Ecumênica*.
7 Jr 29, 8.

Por tal fato o **Catecismo** resume:

> "Tudo isso [isto é, toda forma de adivinhação] encerra uma vontade de dominar o tempo, a história e, finalmente, os homens".

Isto não se dá só na Igreja Católica, um dos pilares do Cristianismo, já que as raízes da oposição vêm de um tempo bastante antigo e anterior ao surgimento da Igreja Ortodoxa do Oriente (1054) e da Igreja Reformada ou Protestante (1517), e todas as três principais Igrejas cristãs, Católica Romana, Reformada e Oriental, se opõem a quaisquer práticas divinatórias, entre elas a Astrologia.

Penso em S. Agostinho (354-430), que pregou e escreveu nos séculos IV e V, cujo pensamento se espraiou em variada medida pelas diferentes raízes da cristandade.

Em sua autobiografia **Confissões**, ele exclama:

> "Bom é, portanto, confessar-se o homem a Vós, Senhor, e dizer-vos: 'Compadecei-vos de mim, curai a minha alma porque pequei contra Vós'.[8] Porém não deve abusar de vossa indulgência, para se dar permissão de pecar. Deve, antes, lembrar-se da palavra do Senhor: 'Eis-te curado; não peques mais para que *não te aconteça algo pior*'.[9] Ora, estes astrólogos procuram destruir o efeito salutar deste conselho, quando dizem: 'a causa inevitável de pecares vem dos céus'. Também afirmam: 'Foi Vênus ou Saturno ou Marte quem praticou esta ação'. Evidentemente, para que o homem, carne, sangue e orgulhosa podridão, se tenha por irresponsável e atribua toda culpa ao Criador e Ordenador do céu e dos astros".[10]

S. Agostinho fala, aqui, de ética, pois se a atitude decorre de escolha feita, pode indicar mérito ou demérito

---
8 Alusão a Sl 40, 5.
9 Referência a Jo 5, 14.
10 Santo Agostinho, *Confissões*, Livro IV, cap. 3, p. 83.

– o que não ocorre, nem mérito, nem demérito, se houver compulsoriedade de ação por influência de corpos celestes: afinal, como censurar ou elogiar alguém, se a escolha ou atitude decorreu de algo exterior que, agindo como causa eficiente, coagiu a pessoa em sua vontade ou opção?

Neste exato sentido, S. Basílio de Cesareia (330-379), contemporâneo de S. Agostinho e intitulado Doutor em ambas as Igrejas, Católica Ocidental e Ortodoxa Oriental, indagou na Sexta Homilia do **Hexameron**, obra na qual ele discorre sobre a criação do mundo:

> "Se os princípios de nossos atos não dependem de nosso poder, se são necessidades que derivam do nosso nascimento, de que servem os legisladores que nos indicam o que devemos fazer e o que devemos evitar? Para quê, juízes que exaltam a virtude e denunciam o vício?"[11]

---

11 São Basílio de Cesareia, apud Gilbert Le Mouël. *Astrologia e fé cristã*, p. 44.

Capítulo 2

A suposição de "influência dos corpos celestes"

Poderia estar discorrendo somente sobre alternativas éticas ou morais, aspecto central de todo sistema filosófico ou religioso, sem que enveredássemos a discutir o quanto a Astrologia é ou não eficaz, mencionando-se aqui *eficácia* como competência para identificar e descrever os efeitos de suposta influência direta de corpos celestes sobre o ser humano e as condições da existência.

S. Tomás de Aquino (1225-1274) propõe esta discussão e diz haver a influência.

Em sua magistral obra **Suma Teológica**, ele afirmou:

> "O apetite sensitivo é ato de um órgão corporal. Assim, *nada impede que, sob a influência dos corpos celestes alguns estejam mais dispostos à ira, à luxúria ou alguma outra paixão semelhante,* como podem senti-lo por compleição natural. No entanto, a maioria dos homens segue suas paixões. Portanto, *verifica-se na maioria o que é anunciado sobre os atos de homens através do estudo dos corpos celestes.* No entanto, como Ptolomeu diz no **Centiloquium**:[12] 'O homem sábio domina as estrelas, porque, ao resistir às paixões,

---

[12] Obra tradicionalmente atribuída a Ptolomeu, mas que hoje se sabe ter sido originária do século VI, sendo que esta citação de S. Tomás, referente a Ptolomeu, nem está no *Centiloquium*. Segundo estudiosos, parece ter sido um conceito do persa Albumasar (787-886), que era adotado (o conceito) por S. Alberto Magno, professor de S. Tomás de Aquino que veremos adiante.

evita o efeito dos corpos celestes com sua vontade livre e nunca submetida ao movimento celeste'".[13] [itálicos meus]

É visível, no pensamento tomista, como também o fora no pensamento aristotélico – já que S. Tomás de Aquino e Ptolomeu, um dos principais codificadores da Astrologia na Antiguidade, seguiram os passos de Aristóteles –, a suposição de que os corpos celestes influem sobre os corpos humanos e suscitam paixões que vicejam no homem.

É que Aristóteles (384-322 a.C.) teorizara em seu **De cælo** (Sobre o céu) que os corpos celestes foram formados a partir de um mesmo elemento fundamental, o Éter, criado por Deus.

O Éter, segundo esse filósofo, constituíra o céu, sendo que tudo o que é *sublunar*, ou seja, abaixo da Lua ou, mais simplesmente, terrestre, foi composto pelos quatro Elementos (Fogo, Terra, Ar ou Água), todos originados do Éter.

Aristóteles explanara em **Meteorologica** (Os corpos celestes) que:

> "Este mundo tem necessariamente uma certa continuidade com os movimentos superiores. Consequentemente, todo seu poder e ordem provém deles. Pois o princípio originador de todo movimento é a causa primeira. Além disso, esse corpo é eterno e seu movimento não tem limite no espaço, mas é sempre completo, enquanto todos os outros corpos possuem regiões separadas que limitam uma à outra. Assim, devemos tratar fogo e terra e os elementos semelhantes a eles [ar e água] *como as causas materiais dos acontecimentos neste mundo (significando o material que é sujeito e é afetado), mas devemos assinalar causalidade, no sentido*

---

13 São Tomás de Aquino. *Suma Teológica*. I-II, Q. 9, A. 5, Resposta 3, p. 130 (tradução minha).

de princípio originador do movimento, à influência dos corpos que se movem eternamente".[14] [que são os Planetas, compostos de Fogo, Terra, Ar e Água, elementos originados do Éter]

Embora este estudo não seja focado em Filosofia, penso ser bom detalhar aqui algo das noções de *causalidade*, como definidas por Aristóteles, já que estes conceitos perpassam o entendimento de S. Tomás de Aquino e, de certo modo, ao discutir a *influência dos corpos celestes* se está discutindo causação, seja de que tipo ou nível for.

Segundo Aristóteles, em todo fenômeno concorrem quatro causas concomitantes, todas sendo necessárias para que ele exista:

a) Causa material: é a matéria de que a coisa é feita;

b) Causa formal: é a forma segundo a qual a matéria se organiza na coisa e leva a coisa a ser do jeito que é;

c) Causa eficiente: é o agente externo que, atuando sobre a causa material e de acordo com a causa formal, faz a coisa existir;

d) Causa final: é a razão de a coisa existir, a finalidade para a qual a coisa existe (ou *enteléquia*, como veremos à frente).

Quando o filósofo, no trecho antes registrado, menciona *movimento*, não se refere à ideia de deslocamento de algo no espaço, como se poderia pensar, mas, antes e mais importante, está aludindo à passagem de potência (possibilidade de existir) ao ato (existência manifesta) e, por isso, atribui aos corpos celestes o papel de causa eficiente sobre os acontecimentos terrestres, donde, também, sobre

---

14 Aristóteles, *Meteorologica*, livro I, cap. 2, p. 339, apud Roberto de Andrade Martins, *A influência de Aristóteles na obra astrológica de Ptolomeu (Tetrabiblos)*.

os humanos: "devemos assinalar causalidade, no sentido de princípio originador do movimento, à influência dos corpos que se movem eternamente", que são os Planetas.

Todavia, S. Tomás de Aquino impõe distinção: se os corpos celestes podem atuar sobre os indivíduos e dar origem às paixões que neles brotam, só o fazem em relação ao corpo (que, segundo ele, é onde brotam as paixões) e não o fazem terminantemente em relação à capacidade intelectiva do ser humano e sua vontade, entendendo-se aqui, por *vontade*, como sendo aquilo que norteia a pessoa em suas preferências, escolhas ou formas de comportamento, e confere valor ético ou moral a suas opções e atitudes.

Vale ver o que S. Agostinho discorre sobre *vontade* em sua magnífica obra **A Trindade**, ao falar das três *potencialidades* da alma:

> "As três, memória, inteligência e vontade, não são três vidas, mas uma vida; e nem são três almas, mas uma alma; consequentemente, não são três substâncias, mas uma só".[15]

Pois sem a memória nada se preserva, sem a inteligência nada se cria e sem a vontade nada se ama (ou deseja), e todas elas são uma só alma e, assim também, uma única mente, ou psique.

Para depois expandir o raciocínio:

> "Eu me lembro de que tenho memória, inteligência e vontade; compreendo que entendo, quero e recordo; quero querer, lembrar-me e entender [...] Como todas e cada uma das faculdades [lembrar, pensar e querer] se contêm umas às outras, existe igualdade entre cada uma com as outras, e cada uma com todas juntas em sua totalidade [por mais que as três sejam distintas entre si]. E as

---

15 S. Agostinho. *A Trindade*. Livro X, 11.18, p. 331.

três formam uma só unidade: uma só vida, uma só alma e uma só substância".[16]

Vida que é guiada pela vontade, que vai em busca do que deseja, apoiada na memória, que lembra o que já foi vivido, e auxiliada pela inteligência, que pensa sobre o que sabe ou experimenta.

Em **Suma contra os Gentios**, S. Tomás de Aquino explicou melhor como o que ocorre no corpo pode repercutir na alma e na vontade:

> "Ainda que a alma tenha alguma operação própria da qual o corpo não participa, como a intelecção, há, não obstante, algumas operações comuns a ela e ao corpo, como temer, irar-se, sentir, etc. Ora, essas operações realizam-se segundo alguma mudança de determinada parte do corpo, donde se depreende que *as operações da alma e do corpo são conjuntas*. Logo, é necessário que da alma e do corpo se faça um todo uno, e que não sejam diversos quanto ao ser".[17] [itálico meu]

Contudo, no tocante a escolhas, S. Tomás de Aquino ressalvou, na mesma obra:

> "*Os corpos celestes só influem diretamente sobre os corpos humanos*. Se fossem, portanto, causa de nossas escolhas, isto ocorreria ou por conta da influência sobre os nossos corpos ou por conta de nos influenciarem desde fora. Mas de nenhuma forma podem ser causa de nossas escolhas. Pois não é causa suficiente de nossa escolha o que nos é apresentado exteriormente; ao encontro de algo deleitável, a saber, um manjar ou uma mulher, aquele que não se contém se mobiliza para escolhê-lo e aquele que se contém sequer se move. De igual maneira, *tampouco basta para forjar nossa escolha qualquer mudança que possa ocorrer em nosso corpo por influência de*

---

16 S. Agostinho. *A Trindade*. Livro X, 11.18, p. 332.
17 S. Tomás de Aquino. *Suma contra os Gentios*. II, Q. 57, 4. p. 264, apud Nadir Antonio Pichler, *A natureza da alma intelectiva em Tomás de Aquino*, p. 257-273.

> um corpo celeste, *porque o corpo celeste apenas causa em nosso corpo certas paixões mais ou menos veementes;* paixões que, mesmo veementes, não são causa suficiente de escolha, já que, se arrastam o [indivíduo] incontinente, não conseguem mover o continente. Logo, pode-se afirmar que os corpos celestes não são causa de nossas escolhas".[18] [itálicos meus]

S. Tomás de Aquino, tal qual Aristóteles antes dele, julgava que os corpos celestes, ao atuarem sobre o corpo, por decorrência influem sobre o estado de alma do indivíduo – embora sem precisar quais corpos celestes, razão pela qual pode ter se limitado ao Sol e à Lua ou pode ter abrangido também, em sua concepção, Mercúrio, Marte, Vênus, Júpiter e Saturno, além das *estrelas fixas*, que eram os astros visíveis em seu tempo.

Ressalto: digo *estado de alma* enquanto figura de linguagem, uma vez que ele menciona paixões como ira, gula ou luxúria.

S. Tomás de Aquino também afirmou em **Suma Teológica** que:

> "Os movimentos corporais humanos se reduzem ao movimento dos corpos celestes como sua causa, porque *a própria disposição de órgãos, adequada ao movimento, procede de alguma forma da influência dos corpos celestes; também, porque o apetite sensitivo se altera pela influência dos corpos celestes; também, porque os corpos exteriores se movem pelo movimento dos corpos celestes e por causa de seu encontro a vontade começa a querer ou a não querer algo;* por exemplo: quando fica frio, alguém começa a querer fazer fogo. Mas esse movimento é devido à apresentação de algo exterior ao objeto, e não a um impulso interior.[19] [itálico meu]

---

18 São Tomás de Aquino. *Suma contra os Gentios*. Cap. LXXXV, 8, p. 534.
19 Idem, *Suma Teológica*. I-II, Q. 9, A. 5, Resposta 2, p. 129-130 (tradução minha).

No entanto, por mais que naquele tempo antigo se acreditasse na *influência dos corpos celestes*, sabe-se hoje, e com segurança, que a suposição de os corpos celestes influírem diretamente no corpo humano e, por aí, alterarem o estado de alma (vale dizer: dinâmicas afetivo-emocionais) do indivíduo, ao menos como desde sempre foi asseverado pela Astrologia convencional, não fica em pé quando se analisa não somente os fatos conhecidos pela Ciência, mas também os postulados e procedimentos técnicos adotados pela própria Astrologia.

Então, se não é de *influência dos corpos celestes* que parece se tratar, a despeito de ter sido suposto assim por S. Tomás de Aquino ao se referir ao comportamento de pessoas, e ser acreditado por muita gente até hoje em dia, é necessário repensar esse conceito para poder ir adiante.

Capítulo 3

Repensando a noção de energia dos astros

Para repensar o conceito de *influência dos corpos celestes*, por meio de *energias*, é preciso entender como ele se estabeleceu: só assim poderemos ultrapassá-lo em busca de melhor explicação.

Ao que se conhece, durante a maior parte da existência humana julgou-se que o que ocorria era diretamente devido a forças superiores e indefinidas, entre elas uma suposta ação causal dos corpos siderais, os quais são estudados de modo sistemático ao menos desde os mesopotâmicos sumérios, por volta de 4.000 a.C.

No Ocidente essa hipótese se manteve por mais de mil anos durante toda a Idade Média (séculos V a XV), período em que os conhecimentos científicos e filosóficos foram enriquecidos, organizados e mantidos em mosteiros, abadias e nascentes universidades, submetidos, portanto, às concepções teológicas dominantes na Europa cristã, já que a Igreja, ao exercer o papel de academia e zeladora do conhecimento, o fazia de modo fiel às tradições do Clero.

Em 1455, ocorreu a impressão da primeira Bíblia e teve início a disseminação de conhecimentos por mediação de livros, entre os principais países da época. Cem anos mais tarde, em 1557, o astrólogo francês Claude Dariot (1533-1594) apresentou o livro **Introdução ao julgamento dos astros**.

Em 1661, foi publicada postumamente a obra maior do médico e matemático Jean-Baptiste Morin de Villefranche (1582-1656), astrólogo da Corte francesa: **Astrologia gálica – a teoria da determinação ativa dos corpos celestes**, um monumental tratado de 26 volumes que até hoje é tido como respeitável baliza teórica da Astrologia ocidental.

O principal pressuposto aceito na época era o de os corpos celestes atuarem como agentes de uma determinação superior para o mundo e a vida humana, num conjunto de teorias mescladas às concepções filosóficas e ético-morais então vigentes.

Assim, se Dariot partia do princípio de haver um ente juiz que se expressava por meio do *julgamento dos astros*, a primeira expressão grafada na alentada obra de Morin de Villefranche, na abertura do conteúdo por ele exposto, era *Jesus Cristo*, pois a sua concepção geral e determinista de Astrologia buscava se expor de modo harmonioso com a teologia católica, dominante na Europa.

Para vermos outro exemplo, o astrônomo e astrólogo Johannes Kepler (1571-1630), ao falar, em **Tertius Interveniens**, do efeito do céu sobre a pessoa, disse:

> "Quando a vida de um ser humano é inflamada pela primeira vez, quando agora tem sua própria vida, e não pode mais permanecer no ventre, então ele recebe um caráter e uma impressão de todas as configurações celestes (ou as imagens dos raios cruzando-se na terra), e os retém até o seu túmulo. Este caráter não

é recebido no corpo [...], mas, sim, na natureza da própria alma, que é como um ponto. A alma pode, portanto, transformar-se naquele ponto em que os raios convergem, e pode não apenas participar daquela faculdade da razão pela qual só nós, entre as criaturas vivas, somos chamados racionais".[20]

Já estava tendo início o florescimento intelectual que desaguaria na Idade Moderna, no Iluminismo e no desenvolvimento da Ciência como a conhecemos hoje, dando base ao que viria a ser o *paradigma positivista* a partir de René Descartes (1596-1650).

As formas da existência passariam a ser estudadas em blocos isolados de conhecimento e as Ciências da Natureza iriam consolidando espaço. Exemplos: em 1600, William Gilbert lançou o primeiro estudo conhecido sobre eletromagnetismo, analisando e descrevendo os polos magnéticos terrestres; em 1633, Galileu Galilei inventou o telescópio; em 1636, René Descartes publicou o **Discurso sobre o método**, iniciando a sistematização na Ciência; em 1687, Isaac Newton publicou o **Principia**, em que descrevia as leis da gravidade e do movimento cósmico; em 1789, Antoine Lavoisier publicou o **Tratado geral de Química** (o primeiro desta ciência); entre 1779 e 1825, Pierre Simon Laplace sistematizou a Astronomia matemática e a Mecânica Celeste; em 1831, Michael Faraday

---

[20] Johannes Kepler. *Tertius Interveniens*. Cap. 7, 1-2, When a human being's life is first ignited, when he now has his own life, and can no longer remain in the womb – then he receives a character and an imprint of all the celestial configurations (or the images of the rays intersecting on earth), and retains them unto his grave. This character is not received in the body (...) but rather in the nature of the soul itself, which is like a point. The soul can therefore transform herself in that point at which the rays converge, and can not only partake of that faculty of reason for which we alone among living creatures are called reasonable (tradução minha) (acesso em março de 2017).

concebeu a noção de campos eletromagnéticos; em 1896, Henri Becquerel descobriu haver corpos que emitiam *radiação do nada* (como ele mesmo referiu ao que depois se saberia ser radiação atômica); em 1897, Joseph J. Thompson descobriu o elétron; e entre 1900 e 1905, Max Planck e Albert Einstein puseram a Ciência de ponta-cabeça com, respectivamente, a Mecânica Quântica e a Teoria da Relatividade, sendo a primeira voltada ao mundo subatômico e, esta segunda, orientada ao mundo estelar.

Nesse período de uns poucos séculos, a suposição de os astros serem agentes da determinação divina foi se substituindo no imaginário humano pela noção de os astros exercerem algum tipo de ação própria sobre coisas, corpos e mentes, causando eventos e determinando-lhes os atributos, mas não mais a serviço de um destino irrevogável, já que as conquistas da Ciência foram afastando a suposição de Deus, Ele próprio, ser o agente direto de cada peculiar acontecimento, por meio dos astros.

Com o que os astrólogos passariam a dizer: *os astros não determinam, eles inclinam.*

A *energia dos astros* foi parecendo tão plausível, e tão fácil de entender, que se tornou pressuposição generalizada. Afinal, se tudo cada vez mais parecia ser energia e a energia cada vez mais parecia causar e mover tudo, por que com a Astrologia não seria assim?

Contudo, se ponderamos melhor a questão, vê-se não haver sentido na presunção de "os astros exercerem algum tipo de ação própria sobre coisas, corpos e mentes, causando eventos e determinando-lhes os atributos", já que tal conjectura não se sustenta à luz da lógica e nem dos fatos, seja na Astronomia ou na própria Astrologia.

A Astrologia tem sido associada a energia, embora haja quem busque relativizar afirmando que, de fato, o que se quer dizer é uma outra coisa, apenas adotando-se o termo com impropriedade. Mas não é assim: a literatura astrológica tem se referido, com o termo *energia*, a algum tipo de energia, mesmo, seja qual for esta energia, e isto não tem sido só figura de linguagem ou imprecisa expressão.

Para ilustrar o que digo: se em 1923 o teosofista inglês Charles Carter (1887-1968), clássico pensador da Astrologia ocidental, afirmava em sua **Enciclopedia de Astrología Psicológica** que "certas áreas do Zodíaco, habitualmente identificadas com nebulosas e estrelas fixas, têm sido consideradas como possuindo poderes peculiares",[21] em 1975 o norte-americano e Mestre em Psicologia Stephen Arroyo (1946), nome importante da Astrologia no século XX, disse assim em seu premiado livro **Astrología, Psicología y los cuatro elementos:**

> "Já que os Elementos descrevem as energias reais [note: energias reais] simbolizadas por fatores astrológicos, compreender seus princípios permite sintetizar o significado de um mapa natal de modo imediato".[22]

Arroyo ainda ressalvou ser:

> "preciso lembrar que, embora o termo 'energia' possa parecer um tanto nebuloso para alguns leitores, nossa linguagem simplesmente não oferece palavras mais precisas [...] Tentar descrever

---

21 Charles Carter. *Enciclopedia de Astrología Psicológica*, p. 8 (tradução minha).
22 Stephen Arroyo. *Astrología, Psicología y los cuatro elementos*, p. 13-14 (tradução minha).

energias transcendentes usando nossa linguagem limitada foi uma tarefa difícil e desafiadora. [E resumia:] em termos modernos diríamos que, já que o universo é um processo total e consiste em inumeráveis campos interpenetrantes de energia, o campo energético de todo homem individual se relaciona intimamente com o campo energético mais vasto de seu ambiente cósmico".[23]

Ora, é verdade existirem campos interpenetrantes de energia no cosmo e que o ser humano, como todo fenômeno existente, em alguma medida pode ser envolvido por tais campos e sofrer de modo variável seu efeito.

Mas, como se viu, foi apresentada por Stephen Arroyo, astrólogo contemporâneo bem reputado internacionalmente – e ele não é o único a argumentar assim –, a suposição de existirem "energias reais, transcendentes, simbolizadas por fatores astrológicos", noção que é derrubada até pela sistemática e pelos procedimentos da Astrologia.

Acontece que tudo na Astrologia é somente símbolo e é um fato que, em grande parte, sua simbologia foi elaborada com base em fatos astronômicos um dia observados, mas isto não é o mesmo que dizer que até hoje ela se refere a eventos cósmicos objetivos.

Poderia listar incontáveis símbolos astrológicos que são só resultado de formulações matemáticas ou de convenções que a nós vieram desde a Antiguidade, em uma sucessão de adaptações simbólicas e interpretações culturais, mas parece-me que, para verificar o que afirmo, basta analisar três aspectos:

---

23   Stephen Arroyo. *Astrología, Psicología y los cuatro elementos*, p. 14.

a) há ao menos quatro principais diferentes Astrologias – arábica, chinesa, europeia ocidental e védica (hindu, ou *jyotisha*) – e cada uma adota conjuntos simbólicos e padrões interpretativos diferentes e nem sempre intercambiáveis, sendo todos eles de origem imemorial em suas próprias culturas;

b) o fenômeno astronômico denominado *Precessão dos Equinócios*, do qual veremos alguns detalhes e seu impacto em diferentes Astrologias, pela alteração cósmica do *Ponto Vernal*;

c) as convenções astrológicas intituladas *Direções Secundárias* (ou *Progressões*), que junto com os *Trânsitos planetários* são fundamentais para a realização de prognósticos, assunto central neste estudo, já que os prognósticos é que dão base a *previsões de futuro*.

O primeiro aspecto: *múltiplas Astrologias*, é o de mais fácil compreensão, no tocante ao fato de que as Astrologias em verdade não se referem ao efeito de *energias dos corpos celestes*: seria como se, para medir a febre corporal, esta, sim, assunto de energia, houvesse diferentes termômetros e variadas escalas de temperatura, sem que entre as escalas houvesse correspondências estabelecidas e mantidas estáveis no decorrer do tempo.

Não é como as escalas Celsius, Fahrenheit e Kelvin, utilizadas para medir temperaturas com base em diferentes valores convencionados: neste caso, por se tratar de energia, que é algo matematicamente descritível, há fórmulas precisas e mantidas constantes para a conversão de graus Celsius (ou *centígrados*, adotados no Brasil) em graus Fahrenheit (adotados nos Estados Unidos) ou em Kelvin (tabela absoluta adotada por cientistas em experimentos de ponta, como no estudo de gases raros e ou na Física de Partículas).

Entre as Astrologias, porém, não há correspondências fixas nem mantidas assentes: cada uma é eficaz em sua própria especificidade, razão por que mesclar seus símbolos ou procedimentos costuma não resultar algo útil.

Depois, é preciso compreender o fenômeno cósmico da Precessão dos Equinócios e a incessante alteração do Ponto Vernal no Zodíaco.

Em Astronomia, *precessão* é a mudança lenta e contínua da posição relativa do eixo de rotação de um corpo celeste, induzida pela força da gravidade que atua entre os corpos siderais no universo.

A precessão da Terra foi historicamente chamada de Precessão dos Equinócios e leva cerca de 26.000 anos terrestres para se completar, isto é, para que o Eixo da Terra, um eixo imaginário que atravessa o Polo Norte e o Polo Sul, volte a apontar para um mesmo local no universo, se forem tomadas por referência as estrelas mais claramente visíveis (elas também em movimento, mas muito mais lentas do ponto de vista da Terra e, por isso, um dia intituladas *estrelas fixas*, em contraponto aos Planetas, que foram nomeados *estrelas errantes*).

Por sua vez, o Ponto Vernal é o ponto astronômico que marca a intersecção geométrica cósmica entre o plano do Equador terrestre e a Eclíptica, que é a trajetória que o Sol parece fazer no céu em torno da Terra e exatamente sobre a qual foi imaginado o Zodíaco.

O Sol cruza este local cósmico todo ano entre os dias 20 e 21 de março do calendário ocidental, coincidindo no Hemisfério Norte com o Equinócio da Primavera, que inicia o rebrotar da vida após o inverno; por isso, simbolizando no tempo *o começo de tudo*, em algum momento da História o Ponto Vernal assinalou o início do Zodíaco, em 00° de Áries.

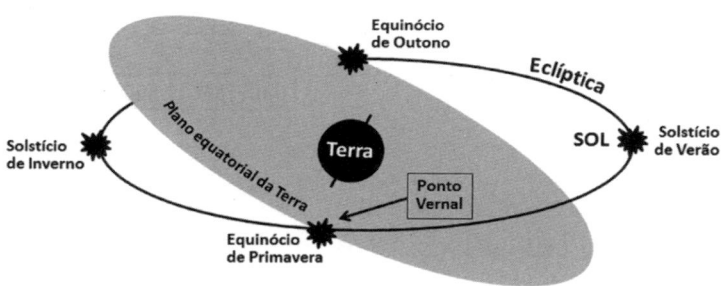

A Precessão dos Equinócios e a variação progressiva da localização do Ponto Vernal no Zodíaco foram mencionadas pela primeira vez por Hiparco (146-127 a.C.) e descritas por Ptolomeu por volta de 130 da Era Cristã, embora tenham sido mais bem explicadas somente no século XVII, por Isaac Newton (1642-1727).

Como a Terra é inclinada, no decorrer do tempo altera-se a relação geométrica de seu plano equatorial com a Eclíptica, com o que o Ponto Vernal, se referido a um certo ponto da Eclíptica, *recua* 50'26" de arco por ano no Zodíaco, todo ano, ou 30 graus inteiros de arco a cada 2.160 anos e 360 graus (ou 12 Signos) em 25.920 anos.

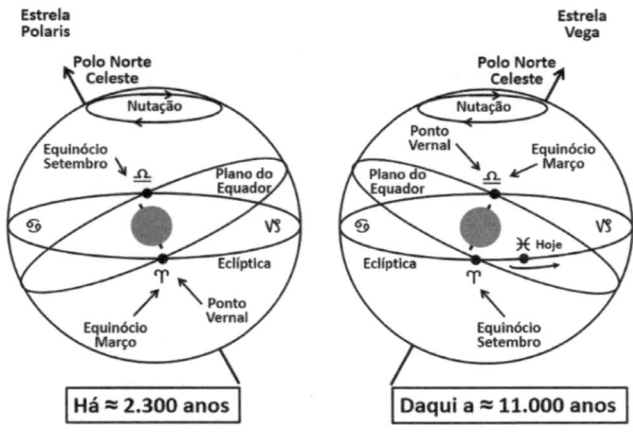

Este fato cósmico leva lentamente o Ponto Vernal a se deslocar na Eclíptica, fazendo com ele retrograde sobre o Zodíaco (de Áries para Peixes para Aquário, etc.), até que, cerca de 26 milênios mais tarde, tornará a ocorrer com exatidão no mesmo ponto zodiacal.

Por este motivo, se há alguns milênios o Ponto Vernal ocorria no Signo de Áries, hoje em dia ele ocorre no Signo de Peixes – isto é, tudo no cosmos se move, menos o Zodíaco, que por ser inteiramente imaginário e convencionado permanece *imóvel no céu*, o que faz com que se continue até hoje a assinalar o início do Zodíaco em 20 ou 21 de março de cada ano no início do Signo de Áries, por convenção cultural, mesmo que o Ponto Vernal esteja, de fato, ocorrendo um Signo antes.

No início da Era Cristã já havia um sistema astronômico integrado, como o que conhecemos hoje em dia. Sobre ele, o matemático, geógrafo, cartógrafo, teórico musical, astrônomo e astrólogo Cláudio Ptolomeu (90-168) elaborou duas obras admiráveis na história do conhecimento humano: o **Almagesto**, um tratado sobre Astronomia em treze volumes, e o **Tetrabiblos**, um tratado sobre Astrologia em quatro volumes (donde, *tetra* e *biblos*).

O **Almagesto** (do árabe *Al-magisti*, O maior) foi uma compilação do conhecimento astronômico babilônico e grego, e nele se basearam as Astronomias árabes e europeias por um milênio e meio, até a teoria heliocêntrica de Nicolau Copérnico (1473-1543). Já, o **Tetrabiblos**, escrito por Ptolomeu algumas décadas mais tarde, teve base em concepções e registros mesopotâmicos, egípcios e gregos compilados por ele, influenciando fortemente a Astrologia ocidental até o século XVII e, de lá, até hoje.

Repare: já naquela Antiguidade era bem demarcada a diferença entre Astronomia e Astrologia, razão pela qual a Astronomia não é um aperfeiçoamento científico da Astrologia, como ainda há quem suponha.

De um lado, o estudo dos fenômenos celestes: a Astronomia; de outro, a investigação do efeito possível ou da influência destes fenômenos sobre as ocorrências terrestres: a Astrologia.

O próprio Ptolomeu separou com clareza os dois campos de conhecimento, dedicando a cada um uma obra específica, seja o **Almagesto**, à Astronomia, ou o **Tetrabiblos**, à Astrologia, assim como é isto, também, o que explica que competentes astrônomos possam também ter sido astrólogos, como Galileu Galilei, Nicolau Copérnico, Tycho Brahe, Johannes Kepler e Isaac Newton.

Mais do que somente coligir e reinterpretar o saber astrológico até então existente, vindo desde os sumérios, Ptolomeu foi o primeiro a filosofar sobre o assunto, pois naquele tempo já havia acentuado contraste entre pensadores que não admitiam haver legitimidade na Astrologia e, aqueles, que acreditavam ela ser válida.

Do mesmo modo, entre quem ajuizava a Astrologia ter base efetiva, havia os que supunham existir *influência direta dos corpos celestes* e, em oposição, os que pensavam haver somente indicadores simbólicos do que ocorria ou iria ocorrer, agrupados em estruturas narrativas para explicação.

Nesta variada paisagem conceitual, Ptolomeu foi precursor ao sistematizar e apresentar a Astrologia como um corpo de conhecimentos associados a uma teoria sobre a natureza, e dentro de um enfoque filosófico específico, o aristotélico, indo além do que era tido somente como matéria de fé ou conhecimento exclusivamente empírico.

Esclareceu ele no **Tetrabiblos**:

> "Existem dois métodos de predição pela Astronomia, que são mais importantes e válidos. Um, que é o primeiro, tanto pela ordem como pela eficácia, é aquele pelo qual captamos os aspectos dos movimentos do Sol, da Lua e das estrelas, uns em relação aos outros e em relação à Terra, conforme ocorrem no tempo".[24]

Ou seja, o que denominamos *Astronomia*.

Para arrematar, na mesma obra:

> "O segundo é aquele que, pelo qual e através do caráter natural desses aspectos, nós investigamos as mudanças que eles trazem naquilo que cercam".[25]

---

24 Ptolomeu. *Tetrabiblos*. Cap. "A Natureza da Astrologia para Ptolomeu".
25 Idem, *ibidem*.

Isto é, aquilo que intitulamos *Astrologia*.

A Precessão dos Equinócios também faz com que haja diferença na localização dos Planetas nos pontos cósmicos de Constelações, astronômicos e objetivos, e nos pontos Zodiacais, astrológicos e simbólicos, como se vê a seguir quanto ao atual posicionamento do Sol:

SIGNO	SIMBOLISMO ASTROLÓGICO	PERÍODO CÓSMICO REAL
Áries	21.03 a 20.04	19.04 a 14.05
Touro	21.04 a 20.05	15.05 a 21.06
Gêmeos	21.05 a 20.06	22.06 a 20.07
Câncer	21.06 a 21.07	21.07 a 10.08
Leão	22.07 a 22.08	11.08 a 16.09
Virgem	23.08 a 22.09	17.09 a 30.10
Libra	23.09 a 22.10	31.10 a 22.11
Escorpião	23.10 a 21.11	23.11 a 28.11
Ophiucus*	—	29.11 a 16.12
Sagitário	22.11 a 21.12	17.12 a 18.01
Capricórnio	22.12 a 21.01	19.01 a 15.02
Aquário	22.01 a 20.02	16.02 a 11.03
Peixes	21.02 a 20.03	12.03 a 18.04
* Constelação visível na Eclíptica, mas não adotada pela Astrologia.		

Além de compreender por que o ano astronômico ou sideral (do grego *sideralis*, relativo aos astros) começa atualmente com o Ponto Vernal localizado no Signo de Peixes, mas o início do ano astrológico ainda é convencionado como estando no Signo de Áries, é preciso também lembrar que Constelações e Signos zodiacais não se justapõem e, no transcorrer do tempo, a diferença na localização dos corpos celestes nas Constelações e nos Signos astrológicos se acentua cada vez mais, pela Precessão dos Equinócios.

Sim, é isso mesmo. A despeito de muita gente pensar que Constelações e Signos astrológicos são a mesma coisa, não é assim.

Por conta disso, e para exemplificar, embora o Planeta Vênus estivesse na Constelação astronômica de Sagitário em 25.02.2014, nesta mesma data ele era simbolicamente registrado, no Zodíaco, no Signo astrológico de Capricórnio, dando-se o mesmo com outros Planetas.

Planeta	Astronomia	Astrologia
Vênus	Sagitário	Capricórnio
Marte	Virgem	Libra
Júpiter	Gêmeos	Câncer
Saturno	Libra	Escorpião
Urano	Peixes	Áries
Netuno	Aquário	Peixes
Plutão	Sagitário	Capricórnio

Indo adiante: assim como na Astronomia há o Ano Sideral e o Ano Tropical, com uma mínima diferença de tempo entre eles, na história conhecida houve duas formas de imaginar o Zodíaco sobre a Eclíptica, cada uma a partir de um referencial.

Referindo o movimento da Terra em torno do Sol às *estrelas fixas*, há o Zodíaco Sideral, adotado no Oriente e mais notadamente na Astrologia Védica hindu. Referindo-se ao Ponto Vernal e ao início das Estações, há o Zodíaco Tropical, adotado no Ocidente.

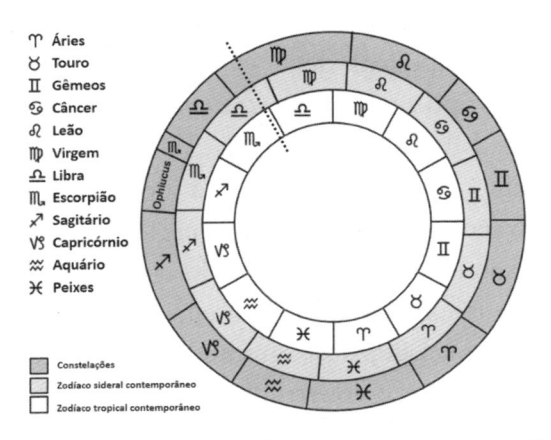

♈ Áries
♉ Touro
♊ Gêmeos
♋ Câncer
♌ Leão
♍ Virgem
♎ Libra
♏ Escorpião
♐ Sagitário
♑ Capricórnio
♒ Aquário
♓ Peixes

☐ Constelações
☐ Zodíaco sideral contemporâneo
☐ Zodíaco tropical contemporâneo

Dada a diferença de referenciais, não só os Zodíacos não se superpõem com exatidão, como ambos destoam das Constelações, que têm dimensão natural irregular na Eclíptica – diferentemente dos Signos, que, por serem fruto de imaginação criativa, têm 30 graus exatos, todos eles, de arco geométrico (em ambos os Zodíacos).

Então, imagine um Planeta, digamos, Vênus, que no Zodíaco Tropical se localize no início do Signo de Escorpião (veja a linha pontilhada na figura anterior). A questão é: como se deve identificar o símbolo: *Vênus em Escorpião* (♀♏), segundo o Zodíaco Tropical, *Vênus em Libra* (♀♎), segundo o Zodíaco Sideral, ou *Vênus em Virgem* (♀♍), segundo a Constelação astronômica?

Seja qual for a opção adotada, é patente que não é de energia que se está falando, pois para falar com propriedade de *efeito de energia* é imprescindível falar do ponto preciso de onde ela é emitida.

E já que se supõe que *a localização zodiacal por Signo tonaliza ou modula os efeitos de um Planeta*, o que é uma pressuposição fundamental na Astrologia, que ponto e associações simbólicas deve se adotar, neste caso, para identificar o tipo suposto de *modulação*?

Virgem, Libra ou Escorpião?

Os muito antigos começaram a identificar e registrar estrelas no céu para se orientarem e organizarem melhor as tarefas de sobrevivência, distribuindo-as em um calendário.

Dentre as estrelas do céu, associaram pontos luminosos vistos na Eclíptica e nomearam as Constelações, todas as vezes como construção cultural segundo o que imaginavam ver em cada aparente agrupamento de corpos estelares.

Digo aparente, porque não existem *grupos de estrelas*, como se várias delas estivessem perto umas das outras e, com isso, formassem conjuntos de *astros vizinhos*.

O que para nós parece estar próximo, isto, sim, são os pontos brilhantes que vemos contra o céu escuro, mesmo que as estrelas estejam a inimagináveis distâncias de nós e entre si mesmas, ou até nem existam mais, continuando a vir para a Terra a sua luz.

Pense na Constelação de Órion, que se localiza com facilidade pelas *Três Marias*, as quais conformam o cinturão do Guerreiro dos Céus e conhecemos desde crianças. Os pontos brilhantes não estão situados no mesmo plano cósmico, como podemos pensar ao vê-los *tão juntinhos*: há 430 anos-luz daqui até a estrela Betelgeuse, no ombro direito do herói, 773 anos-luz entre a Terra e a estrela Rigel e espantosos 817, 916 e 1.342 anos-luz entre nós e, respectivamente, cada uma das *Três Marias*.

Lembre que o Sol está a 8 minutos-luz da Terra e perceba quão distantes estão estas estrelas todas, mutuamente e de nós.

Outro caso é o do aglomerado estelar das Plêiades, que teve papel cultural importante em várias civilizações e se situa a 443 anos-luz da Terra: se neste preciso instante em que você lê ocorrer um fato sideral que extinga as estrelas das Plêiades, sua luz continuará vindo para a Terra por mais de quatro séculos e só então saberemos que elas não mais existem.

Os Signos zodiacais também não abarcam a totalidade de Constelações, já que Ptolomeu descreveu 48 no **Almagesto**, a Astronomia atual conhece 88 Constelações e a Astrologia babilônica concebeu apenas 12 Signos, justamente os que adotamos até hoje em dia.

Além disso, na Eclíptica há 13 Constelações, pois entre Escorpião e Sagitário está a Constelação de Ophiucus, ou do Serpentário, mas os babilônicos optaram por privilegiar apenas 12 delas para imaginar os Signos do Zodíaco e, entre estas, Ophiucus não estava.

Vejamos agora o terceiro dos três aspectos que listei neste capítulo: as *Direções Secundárias*, ou *Progressões*, que há milênios são fatores-chave para estabelecer prognósticos astrológicos.

Para isso, imagine uma pessoa nascida às 04:23 horas do dia 6 de janeiro de 1990, em São Paulo.

Segundo as **Efemérides**, que são as tabelas logarítmicas astrológicas convencionadas e válidas para a Astrologia europeia ocidental, estas eram as posições dos Planetas em seu dia de nascimento:

Day	Sid.t	☉	☽	☿	♀	♂	♃	♄	♅	♆	♇	☊	⚷	⚶
M 1	6 41 33	10♑18'16	26≈33	25♉R48	6♐R17	9♐39	5♏R13	15♋36	5♑45	12♑ 1	17♏ 5	16≈52	18≈28	6♏24	13°R51
T 2	6 45 29	11°19'26	10)(2	25♉30	6≈ 9	10°21	5♋ 5	15°43	5°49	12° 3	17° 6	16°53	18°25	6°31	13♑47
W 3	6 49 26	12°20'36	23°42	25° 0	5°59	11° 3	4°57	15°50	5°53	12° 6	17° 8	16°55	18°21	6°38	13°43
T 4	6 53 22	13°21'46	7♈35	24°19	5°46	11°46	4°49	15°57	5°56	12° 8	17°10	16°R56	18°18	6°45	13°39
F 5	6 57 19	14°22'55	21°40	23°27	5°31	12°28	4°41	16° 4	6° 0	12°10	17°11	16°56	18°15	6°51	13°34
S 6	7 1 16	15°24'04	5♉55	22°25	5°13	13°10	4°33	16°11	6° 3	12°13	17°13	16°56	18°12	6°58	13°30
S 7	7 5 12	16°25'13	20°20	21°15	4°53	13°53	4°25	16°19	6° 7	12°15	17°14	16°51	18° 9	7° 5	13°26
M 8	7 9 9	17°26'21	4♊49	19°59	4°30	14°35	4°17	16°26	6°10	12°17	17°16	16°47	18° 5	7°12	13°22
T 9	7 13 5	18°27'29	19°17	18°40	4° 5	15°18	4°10	16°33	6°14	12°19	17°17	16°43	18° 2	7°18	13°18
W10	7 17 2	19°28'36	3♋39	17°19	3°39	16° 0	4° 2	16°40	6°18	12°22	17°18	16°38	17°59	7°25	13°14
T11	7 20 58	20°29'43	17°49	16° 1	3°10	16°43	3°55	16°47	6°21	12°24	17°20	16°35	17°56	7°32	13°10
F12	7 24 55	21°30'50	1♌42	14°46	2°39	17°25	3°47	16°54	6°25	12°26	17°21	16°33	17°53	7°38	13° 6
S13	7 28 52	22°31'57	15°14	13°37	2° 7	18° 8	3°40	17° 1	6°28	12°28	17°23	16°D32	17°50	7°45	13° 2

Disse assim: "tabelas logarítmicas astrológicas convencionadas e válidas para a Astrologia europeia ocidental", porque entre os Zodíacos Sideral e Tropical existe marcada variação, o que termina dispondo os Planetas em Signos distintos.

A tabela a seguir, que elaborei com dados de 20.04.2014, 00h00m UT (de *Universal Time*, no Meridiano de Greenwich) demonstra os Planetas localizados em Signos dessemelhantes nos dois Zodíacos, o Sideral e o Tropical, exceto Sol e Lua, que neste caso variam apenas em graus:

	ZODÍACO SIDERAL	ZODÍACO TROPICAL
☉	05° ♈ 46'	29° ♈ 50'
☾	05° ♐ 04'	29° ♐ 09'
☿	28° ♓ 58'	23° ♐ 02'
♀	21° ♒ 17'	15° ♓ 21'
♂	20° ♍ 43' R	14° ♎ 47' R
♃	19° ♊ 23'	13° ♋ 27'
♄	27° ♎ 27'	21° ♏ 31'
♅	19° ♓ 24'	13° ♈ 28'
♆	12° ♒ 51'	06° ♓ 55'
♇	19° ♐ 31' R	13° ♑ 34' R

A tabela das **Efemérides** também mostrou que cada Planeta se desloca em seu próprio ritmo sobre o Zodíaco: por exemplo, o Sol avança cerca de 1° de Signo por dia e, a Lua, algo como 16° de Signo, diariamente. A este movimento interminável dos Planetas, registrado nas **Efemérides**, dá-se o nome de *Trânsito Planetário*.

Avance um pouco mais de 26 anos e em setembro de 2016 você verá a seguinte tabela:

Day	Sid.t	☉	☾	☿	♀	♂	♃	♄	♅	♆	♇	☊	⚷	⚸
T 1	22 42 21	8♍59'16	4♍35	28°R58	2♎21	13°♐56	28♍13	10°♐ 3	24°♈ 5	10°R40	15°R 5	12°R43	12♍41	11♏25	23°R35
F 2	22 46 18	9°57'22	17°10	28♍47	3°34	14°30	28°25	10° 5	24°♈ 3	10♓39	15♉ 4	12°D43	12°38	11°32	23♓32
S 3	22 50 14	10°55'29	29°32	28°29	4°48	15° 4	28°38	10° 7	24° 2	10°37	15° 4	12♍43	12°35	11°38	23°29
S 4	22 54 11	11°53'38	11♎42	28° 4	6° 1	15°38	28°50	10° 9	24° 0	10°35	15° 3	12°43	12°32	11°45	23°27
M 5	22 58 7	12°51'48	23°43	27°34	7°15	16°13	29° 3	10°11	23°58	10°34	15° 2	12°R43	12°29	11°52	23°24
T 6	23 2 4	13°50'00	5♏38	26°57	8°28	16°47	29°16	10°14	23°57	10°32	15° 2	12°43	12°25	11°59	23°21
W 7	23 6 0	14°48'14	17°29	26°15	9°42	17°22	29°28	10°16	23°55	10°31	15° 1	12°43	12°22	12° 5	23°18
T 8	23 9 57	15°46'29	29°21	25°27	10°55	17°57	29°41	10°18	23°53	10°29	15° 1	12°42	12°19	12°12	23°16
F 9	23 13 53	16°44'45	11♐17	24°34	12° 8	18°33	29°54	10°21	23°51	10°27	15° 0	12°D42	12°16	12°19	23°13
S 10	23 17 50	17°43'03	23°24	23°38	13°22	19° 8	0♎ 7	10°23	23°50	10°26	15° 0	12°42	12°13	12°25	23°10

Ocorre que, no mesmo mês (setembro de 2016), as chamadas *Direções*, ou *Progressões*, indicarão coisa bem diferente, como se pode ver no quadro a seguir:

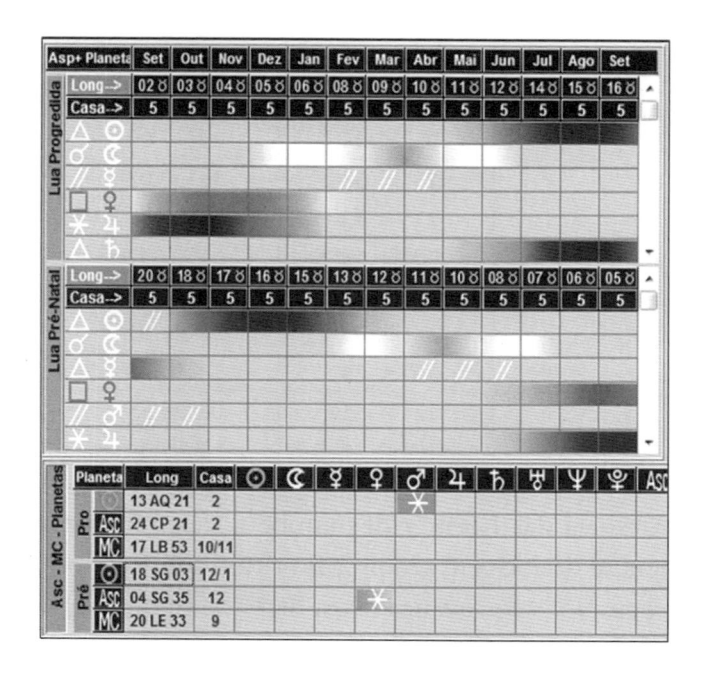

Pelas *Direções Secundárias*, no início de setembro de 2016 o Sol estava em 13º de Aquário e, a Lua, em 2º de Touro, enquanto pelas **Efemérides** o Sol estava em 8º de Virgem e, a Lua, em 4º de Virgem.

Afinal, onde estavam o Sol e a Lua?!

Ocorre que em algum dia muito longínquo no passado foi assentado o que se chama *Direções Secundárias*. Nelas, segundo o que se convencionou (ninguém sabe quando ou quem), o Sol avança apenas 1º por ano no Zodíaco, em vez de 360º, que é o que se registra nas *Efemérides*, enquanto a Lua avança somente 1º por mês, em vez dos cerca de 390º mensais indicados nas **Efemérides** (repare que ela avança no Signo: 02ºᛸ, 03ºᛸ, 04ºᛸ, etc.).

Por aí se vê como fatores estabelecidos por convenção, sem base objetiva alguma, têm papel fundamental na Astrologia.

Mas o mais espantoso é saber que as *Direções Secundárias Conversas*, chamadas de *Pré-natais* e vistas na faixa intermediária do quadro anterior, estipulam que os Planetas atravessem o Zodíaco ao revés, isto é, da frente para trás (de Virgem para Leão para Câncer, ao invés de Câncer para Leão para Virgem, que é a ordem natural dos Signos estabelecida no Zodíaco), em igual proporção à das *Direções Secundárias*: 1º ao ano, no caso do Sol, e 1º ao mês, no caso da Lua (repare que ela recua no Signo: 20º♉, 18º♉, 17º♉, etc.).

Aí, então, é que não dá, mesmo, para falar de *energia dos corpos celestes*, pois a trajetória imaginária de um símbolo igualmente imaginário, *andando para trás*, não emite energia alguma, seja qual for esta energia!

O Zodíaco e as técnicas astrológicas não indicam nada propriamente natural: a Astrologia deve ser entendida exclusivamente como um maravilhoso e muito bem estruturado repertório de símbolos das sucessivas dinâmicas e fases de evolução de qualquer coisa, sendo puro produto da capacidade humana de intuir e imaginar.

Por este motivo o alfabeto simbólico da Astrologia pode ser interpretado para identificar e descrever as características de diversos aspectos da existência, seja pessoa, coisa ou evento, bem como para deduzir qual e como será o seu desdobramento evolutivo no decorrer do tempo, pela descrição dos momentos parciais que se cumprem e cumprirão de modo relativamente previsível em um enredo passível de especificação em detalhes, segundo a determinação de cada qual.

Como descreveu o filósofo grego Plotino (205-270), em uma de suas menções à Astrologia, "todas as coisas estão repletas de sinais e é um sábio quem adivinha uma através da outra".[26]

Ao falar da Antiguidade e de como surgiu esse sistema de simbolização da existência, estamos falando de uma etapa da vida humana na qual levar décadas observando qualquer tipo de fenômeno com paciência era possível, pois já pertencia àquele estágio da evolução humana o aprender por indução.

Mas como definir de qual preciso instante no tempo se estava falando a cada vez, para saber quais exatos símbolos se relacionavam ao que se queria sinalizar para registrar, entender e ensinar, numa época em que não havia mecanismos mais apurados de marcar o tempo ou o local e, antes, nem instrumentos rudimentares?

Fácil: utilizando a relação da Terra com o Sol, os Planetas e as *estrelas fixas*, este *relógio natural* que está dado a qualquer um. Afinal, como se diz, o Sol nasce para todos, bastando erguer o olhar para o céu, prestar atenção e estabelecer relações recorrentes e duradouras entre específicos significantes e particulares significados.

Em consequência do muito que se observou, no correr dos milênios os homens foram simbolicamente associando certos padrões da existência percebida, fosse em evento,

---

26   Plotino. Enéada II, 7, em *Plotino, Enéadas I, II e III; Porfírio, Vida de Plotino*. Apud José Carlos Baracat Júnior. Tese de Doutorado em Linguística no Instituto de Estudos da Linguagem da Unicamp, p. 382.

coisa ou pessoa, a conjuntos cíclicos de ocorrências naturais, entre elas, e principalmente, à posição zodiacal imaginada e à correlação geométrica recíproca e variada, no Zodíaco, de sete astros visíveis a olho nu: Sol, Lua, Mercúrio, Vênus, Marte, Júpiter e Saturno.

Para tanto, as estrelas mais longínquas, que têm um ciclo bastante lento de movimento no céu, do ponto de vista do tempo humano na Terra, ofereciam um parâmetro mais constante e estável.

Afinal, sem algum parâmetro não se pode identificar padrões, pois isto se dá sempre por comparação de algo com outra coisa, estabelecendo correlações duradouras.

Naquilo que se observava, o tempo do ciclo do Sol, isto é, o período que ele levava para aparentemente circular em torno da Terra e voltar ao lugar inicial, medido em relação a certos agrupamentos estelares, que são as Constelações, ou a específicas *estrelas fixas*, abrangia um intervalo temporal em que doze ciclos lunares inteiros – Nova, Crescente, Cheia, Minguante – se completavam a cada vez.

Estes doze ciclos lunares completos, que devem ter originado o conceito de *meses* – e, por este motivo, o padrão de *doze* está de algum modo presente em praticamente todas as civilizações –, por sua vez se agrupavam em quatro blocos diversos no decorrer de cada ano, todos com características bem específicas de frio ou calor, e de umidade ou secura, configurando aquilo que passou a ser tido como as *Estações Climáticas*: Primavera, Verão, Outono e Inverno.

Desde o princípio, muito antes dos babilônios, o ser humano deve também ter percebido que a existência parecia repetir certos padrões, como se um arquiteto (pela harmonia) geômetra (pela matemática espacial) houvesse atuado na criação do mundo.

Ademais, provavelmente notou que os padrões eram relativamente invariáveis em seus aspectos verdadeiramente estruturais, motivo pelo qual podiam ser definidos e indicados por meio da associação com arranjos simbólicos mais permanentes no tempo, com isso podendo se desenvolver e aprimorar um tipo de conhecimento transmissível entre gerações.

Há uma ordem presidindo o mundo, e isto é inegável.

Buscando elucidar padrões, o matemático Leonardo Fibonacci (1170-1250), de Pisa, cidade natal de Galileu, trabalhou sobre os ensinamentos de Pitágoras e apresentou em seus estudos, nos anos 1200, aquilo que passou a ser chamado a *Sequência de Fibonacci*.

Essa sequência é uma característica sucessão numérica que, sabemos hoje, estrutura a proporcionalidade da natureza, ocorre nos seres vivos vegetais e animais e está na raiz da *Proporção Áurea*, ou *Divina Proporção:* a relação matemática entre largura e altura que definiu a fachada do Partenon, foi adotada por Leonardo da Vinci na pintura da Mona Lisa, está presente em rostos e corpos efetivamente belos – se beleza é relação harmoniosa entre aspectos –, marca escalas musicais e até foi adotada no formato de cartões de crédito, na relação de tamanho entre suas laterais.

Por mais diferençada que seja a manifestação da existência, sempre há padrões e, graças a isto, as coisas mantêm sua identidade intrínseca, mesmo que variem os detalhes em cada exemplar individual, dentro da categoria a que pertencem e em que podem ser classificadas.

Ademais, parece haver fatores que preordenam a manifestação do mundo, segundo os quais todo fenômeno, seja coisa, evento ou pessoa, surge com características peculiares e, etapa a etapa, se desenvolve em um ritmo particular, determinado e relativamente previsível.

No que diz respeito ao ser humano e ao simbolismo astrológico, e como Jung escreveu em **Aion – Estudos sobre o simbolismo do si-mesmo**:

> "O sentido fundamental do horóscopo consiste em que ele traça, antes de tudo, um quadro da constituição psíquica e, depois, também, da constituição física do indivíduo, sob a forma da posição dos planetas e suas relações (aspectos), bem como da repartição dos zódia [Signos] pelos diversos pontos cardeais. O horóscopo representa, portanto, sobretudo um sistema das qualidades originais e fundamentais do caráter e, por isso, deve ser tido como o equivalente da psique [e do soma] individual".[27]

Se é um "sistema das qualidades originais e fundamentais do caráter" – lembrando que, neste trecho, *caráter* é característica estruturadora e distintiva de personalidade, antes do que algo relativo a juízo moral –, ele carrega os indicadores de sua *entelequia* (do grego *en* + *télos*, resultado, conclusão, finalidade), a qual, como é sabido desde Aristóteles, é "a orientação rumo à realização plena e

---

[27] Carl Gustav Jung. *Aion – Estudo do simbolismo do si-mesmo*, p. 127.

completa de uma tendência, potencialidade ou finalidade natural, com a conclusão de um processo transformativo até então em curso em qualquer um dos seres animados e inanimados do universo", como se define no **Houaiss** e fica bem fácil de entender.

Neste "processo transformativo em curso", tanto as propriedades existentes no momento do surgimento, quanto o que será potencialmente expresso ou vivenciado em cada instante posterior, são detectáveis pela interpretação de símbolos astrológicos associáveis a cada um destes sucessivos momentos, já que eles parecem denotar o *enredo*, ou a *trama*, que determina a expressão de significados, por meio de atributos muito particulares, na dinâmica de surgimento e na evolução do fenômeno.

Jung igualmente lembrou, em carta pessoal de 1934:

> "Não são as posições aparentes dos astros que atuam, mas os tempos que são medidos e determinados por posições arbitrariamente designadas dos astros. O tempo apresenta-se, então, como uma corrente de acontecimentos cheia de qualidades".[28]

Em semelhante sentido, o astrólogo franco-americano Dane Rudhyar (1895-1985) escreveu em **A prática da Astrologia**: "os eventos não acontecem a nós, nós acontecemos a eles".[29]

A isto: "uma corrente de acontecimentos cheia de qualidades", parecem apontar os significados atribuídos aos símbolos astrológicos: as qualidades e o *tēlos* de tudo que é manifesto, ou a dinâmica peculiar e o propósito de

---
28 Carl Gustav Jung. *Cartas 1906-1945*, p. 153.
29 Dane Rudhyar. *A prática da Astrologia como técnica de compreensão humana*, p. 24.

cada existir em meio a todos os outros existentes, no conjunto total da existência.

Para ver exemplo histórico de como se deu esta simbolização, desde os caldeus e babilônios se atribui a Planetas e Signos astrológicos características *positivas* ou *masculinas* (*para fora*, ou *diurnas*) e *negativas* ou *femininas* (*para dentro*, ou *noturnas*), alternando-se no Zodíaco a partir do primeiro Signo, Áries, que é *masculino* (ou *diurno*, ou *para fora*, ou *positivo*).

Quanto a isto, Ptolomeu teorizou assim sobre os corpos celestes:

> "Mais uma vez, já que há dois tipos primários de natureza, masculino e feminino, e, das forças já mencionadas, a da umidade é especialmente feminina – pois de uma forma geral este elemento está presente em um grau maior em todas as fêmeas, e as outras estão mais presentes nos machos; de forma acertada, a visão que nos foi passada [desde os babilônios] é que a Lua e Vênus são femininas, porque elas compartilham em um grau maior a umidade, e que o Sol, Saturno, Júpiter e Marte são masculinos, e Mercúrio comum aos dois gêneros, pois ele produz tanto secura quanto umidade".[30]

Ao que se vê, ele ponderava no **Tetrabiblos** sobre as *características masculinas e femininas dos corpos celestes* conforme com o que costumava se verificar nos machos e fêmeas na natureza, ou nos homens e mulheres da estrutura social então conhecida.

Isto é, em vez de buscar classificar os corpos celestes com base em aspectos naturais, mesmo que no entendimento científico da época, tratou-se de expressões simbólicas,

---

30 Ptolomeu. *Tetrabiblos*. Livro I, 6.

sempre simbólicas, na linguagem e com o tipo de concepção que então se tinha, o que também ocorreu quanto às características *diurna* e *noturna* dos Planetas:

> "Do mesmo modo, já que, dos dois intervalos mais óbvios entre aqueles que compõem o tempo, o dia é mais masculino por causa do seu calor e da sua força ativa, e a noite mais feminina por causa da sua umidade e do seu dom de repouso, a tradição estabeleceu que a Lua e Vênus são noturnas, o Sol e Júpiter diurnos, e Mercúrio comum, do mesmo modo que antes, diurno quando ele é [ou aparece como] uma estrela da manhã e noturno quando ele é [ou aparece como] uma estrela da tarde.[31] Eles [os mesopotâmicos] também associaram a cada um dos séquitos as duas estrelas destrutivas [Marte e Saturno], mas não, desta vez, com base no princípio das naturezas similares, mas em seu oposto [...] Assim, eles associaram Saturno, que é frio, ao calor do dia, e Marte, que é seco, à umidade da noite, pois desta forma cada um deles atinge uma boa proporção por mistura e se torna um membro efetivo do séquito, o que concede moderação".[32]

Sobre o ordenamento dos Signos no Zodíaco, Ptolomeu declarou no **Tetrabiblos** que:

> "Novamente, da mesma forma, os antigos apontaram seis dos signos como de natureza masculina e diurna e um número igual como de natureza feminina e noturna. Uma ordem alternante foi imposta a eles porque o dia sempre domina a noite e está sempre próximo dela, e do mesmo modo são a fêmea e o macho. Assim, como Áries é considerado o ponto inicial pelas razões que mencionamos, e como o macho da mesma forma comanda e possui o primeiro lugar, uma vez que, também, o ativo é sempre superior ao passivo em poder, os signos de Áries e Libra foram conside-

---

31 A noção de Mercúrio ser *andrógino* iria acompanhar toda a tradição medieval. É que ele simboliza um atributo tipicamente humano que se manifesta nos gêneros masculino e feminino de modo igual: a capacidade de pensamento e comunicação, para a construção e expressão de pontes conceituais de significado entre distintos aspectos da existência.
32 Ptolomeu. *Tetrabiblos*. Livro I, 7.

rados como masculinos e diurnos, sendo que uma razão adicional é o fato de que o círculo equinocial, que é inscrito através deles, completa o movimento mais poderoso e primário de todo o universo".[33]

[como se Primavera e Outono fossem universais]

É fácil perceber, em trechos assim, quanto do comportamento humano e da mente, desde os babilônios, foi projetado no Zodíaco por meio da simbólica astrológica, já que, como Jung explicaria dois milênios mais tarde, em **Psicologia e Alquimia:**

> "Na obscuridade de algo exterior eu me defronto, sem reconhecê-la, com minha própria interioridade ou vida anímica".[34]

Por descrever dinâmicas invariantes, até hoje, daquilo que é de fato estrutural e recorrente no que diz respeito à realidade manifesta e ao comportamento humano íntimo ou expressado, a interpretação adequada da simbólica astrológica nos permite compreender o que desde épocas longínquas se fala – e certamente não é de *energia*.

Independentemente do que possa atribuir efetividade à Astrologia, e mostrarei mais à frente, desde já é preciso ultrapassar o que tem sido apenas uma forma supersticiosa de entendimento: o pressuposto da existência de *energias peculiares dos corpos celestes* que influem diretamente na vida das pessoas, derivado da ingênua justaposição de crendices antigas com rudimentos de informação científica moderna ou contemporânea, sem ter base efetiva em fatos objetivos.

---

33 Ptolomeu. *Tetrabiblos*. Livro I, 12.
34 Carl Gustav Jung. *Psicologia e alquimia*, p. 256.

Tal noção supersticiosa é doxa (do grego *dokéó*, crer, parecer, parecer bom), ou *senso comum partilhado*, com seu *habitus* atuando como estrutura estruturante daquilo em que se pensa, diria o filósofo e sociólogo francês Pierre Bourdieu,[35] e por meio do que alguém se relaciona de imediato com aquilo que depara, independente de melhor reflexão ou de aplicação da lógica, por conformar a sua maneira dominante de perceber, discernir e valorar.

O mesmo pode ser dito em relação às chamadas *estrelas fixas*.

Embora o Zodíaco Sideral raramente seja utilizado no Ocidente, há quem afirme ele ser mais válido pelo fato de se basear nas *estrelas fixas*, que emitiriam uma energia mais *uniforme*, ou *menos variável*.

Outro equívoco, à medida que não há nada *fixo* no universo: as estrelas que foram intituladas *fixas* se movimentam, embora muito lentas do ponto de vista da Terra, à razão de 50,25 segundos de grau de arco ao ano, ou um grau a cada 72 anos.

Sendo assim, Alpha Crucis, também conhecida como Acrux, a mais brilhante estrela do Cruzeiro do Sul, que no começo do século XXI está localizada entre 11º e 12º de Escorpião, estava em 15º de Libra quando Ptolomeu estudava o céu, quase um Signo inteiro atrás.

O astrólogo inglês Vivian E. Robson (1890-1942), que na década de 1920 compilou e sistematizou dados astrológicos convencionais sobre as *estrelas fixas*, afirmou em **Las estrellas fijas y las constelaciones en la Astrología** que:

---

35 Pierre Bourdieu. *A economia das trocas simbólicas*.

> "Se pode estabelecer como norma bastante segura que as estrelas não operam de modo isolado [...] e que os seus efeitos principais são transmitidos pelos planetas [note o conceito usual ao se falar sobre energia: 'transmite']. As estrelas fixas parecem constituir a base do horóscopo e, se um planeta cai sobre uma estrela [isto é, faz Conjunção[36] geométrica com ela], seu efeito se magnifica de modo tão importante que lhe dá uma proeminência que não se deve apenas a sua posição e aos aspectos que faz na Carta [...] Em tais casos, usualmente se trata de uma estrela fixa que está operando atrás dos bastidores, por meio do planeta em questão".[37]

Como pode uma estrela fazer sentir o seu efeito, supondo haver algum efeito a ser sentido, por meio de um Planeta que não está no cosmo (astronômico) exatamente onde as tabelas simbólicas usuais da Astrologia convencionaram ele estar? Qual Conjunção de quê com quê é referida aqui, então?

Contudo, os significados denotados pelos símbolos astrológicos permanecem relativamente invariáveis desde há milênios, já que o Zodíaco não se move, sendo todas as vezes associados a posições simbólicas de Planetas que já não se referem mais a fenômenos naturais com existência objetiva, como ocorria há dois milênios e pouco.

Isto é: na Astrologia, e dada a Precessão dos Equinócios, o ponto cósmico em que os Planetas parecem estar é puramente imaginário.

Então, esqueça o céu!

Não é de energia que se está falando, é de alguma outra coisa.

---

36 A Conjunção, um dos *Aspectos astrológicos*, ocorre quando entre dois ou mais símbolos astrológicos há uma pequena diferença de graus geométricos no Zodíaco, em geral de menos de 10º.
37 Vivian E. Robson. *Las estrellas fijas y las constelaciones en la Astrología*, p. 88 (tradução minha).

O que se observou no evoluir do conhecimento humano, ao perpassarem os milênios?

Em termos gerais, ocorreu o que foi definido pelo filósofo francês Augusto Comte (1798-1857) no século XIX como *a marcha natural do espírito humano*, segundo o que, em seu *Curso de Filosofia Positiva*, de 1842, ele ponderou:

> "Cada uma de nossas concepções principais, cada ramo de nossos conhecimentos, passa sucessivamente por três estados históricos diferentes: estado teológico ou fictício, estado metafísico ou abstrato, estado científico ou positivo.
>
> No estado teológico, o espírito humano, dirigindo essencialmente suas investigações para a natureza íntima dos seres, as causas primeiras e finais de todos os efeitos que o tocam, numa palavra, para os conhecimentos absolutos, apresenta os fenômenos como produzidos pela ação direta e contínua de agentes sobrenaturais mais ou menos numerosos, cuja intervenção arbitrária explica todas as [ocorrências] do universo.
>
> No estado metafísico, que no fundo nada mais é do que simples modificação geral do primeiro, os agentes sobrenaturais são substituídos por forças abstratas, verdadeiras entidades (abstrações personificadas) inerentes aos diversos seres do mundo, e concebidas como capazes de engendrar por elas próprias todos os fenômenos observados, cuja explicação consiste, então, em determinar para cada um uma entidade correspondente.
>
> Enfim, no estado positivo, o espírito humano, reconhecendo a impossibilidade de obter noções absolutas, renuncia a procurar a origem e o destino do universo, a conhecer as causas íntimas dos fenômenos, para preocupar-se unicamente em descobrir, graças ao uso bem combinado do raciocínio e da observação, suas leis efetivas, a saber, suas relações invariáveis de sucessão e de similitude. A explicação dos fatos, reduzida então a seus termos reais, se resume de agora em diante na ligação estabelecida entre os diversos fenômenos particulares e alguns fatos gerais, cujo número o progresso da ciência tende cada vez mais a diminuir".[38]

---

38 Augusto Comte. *Coleção Os Pensadores – Curso de Filosofia Positiva*, p. s/n.

Veja: de acordo com a expressão renascentista tardia de Jean-Baptiste Morin de Villefranche:

> "A fortaleza de um planeta e sua virtude se diferenciam na medida em que a virtude, propriamente dita, significa sua natureza elementar ou influenciadora, por meio da qual o próprio planeta atua e, de outro lado, por fortaleza se entende a quantidade de dita virtude. Por exemplo, dois ímãs de igual tamanho, dos quais um elevaria duas libras de ferro e, o outro, doze, são obviamente idênticos quanto à virtude – já que um e outro têm uma virtude do mesmo gênero, quer dizer: atrair o ferro –, mas diferem por sua potência ou fortaleza, já que não têm a mesma quantidade de tal virtude. Portanto, a fortaleza de um planeta parece ser definida corretamente se se diz que é a quantidade de virtude com a qual o próprio planeta atua".[39]

No esquema conceitual de Augusto Comte, isto é apenas "estado metafísico": "entidades (abstrações personificadas), concebidas como capazes de engendrar por elas próprias os fenômenos observados".

Como se cada Planeta atuasse por meio de uma energia típica (ou *virtude*) que interfere nos fenômenos: esta, expande; aquela, contrai; uma, alegra; outra, enraivece, ainda por cima sendo modulada, a *energia*, segundo o Signo e Casa astrológica em que cada Planeta se localiza na Carta astrológica, ou horóscopo, e os ângulos

---

39 Johannes Morin de Villefranche. *Astrologia gálica*. Livro XVII, cap. 1: "La fortaleza de un planeta y su virtud se diferencian en que virtud, propiamente dicho, significaría su naturaleza elemental o influencial, por medio de la cual el propio planeta actúa, y, en cambio, por fortaleza se entiende la cantidad de dicha virtud. Por ejemplo, dos imanes de igual tamaño, de los cuales uno elevaría dos libras de hierro y el otro doce, son obviamente idénticos en cuanto a virtud, – puesto que uno y otro tienen una virtud del mismo género, es decir: atraer el hierro –, pero difieren en su potencia o fortaleza, ya que no tienen ambos la misma cantidad de tal virtud. Por lo tanto, la fortaleza de un planeta parece definirse correctamente si se dice que es la cantidad de virtud con la cual actúa el propio planeta" (tradução minha).

geométricos, ou Aspectos, que os Planetas fazem entre si no Zodíaco e na Carta.

Mas como esta noção não se mantém em pé dentro da arquitetura de conhecimentos do paradigma positivista, tido como sendo mais bem desenvolvido, e nem se explica melhor dentro dos conceitos do *paradigma esotérico*, tido como sendo mais abrangente, é preciso ir além e conhecer, compreender e assimilar outras noções, de fora de ambos os paradigmas, como as do Pensamento da Complexidade, para poder compreender o que dá veracidade à Astrologia.

Caso contrário, enquanto ficar aderida a conceitos insustentáveis a Astrologia não constrói o instrumental de conhecimentos que é imprescindível para entender e explicar como a coisa toda funciona.

Disse pouco atrás tratar-se de alguma outra coisa, que não a suposta *energia dos corpos celestes*. Afinal, de que se trata, então?

De início, não posso deixar de me referir a Galileu Galilei (1564-1642), a quem se atribui a declaração de que a Matemática foi a linguagem que Deus utilizou para desenhar o universo. Por ela, então, e pela Lógica, apreendemos e compreendemos melhor o desenho.

Veremos adiante que parece haver princípios imateriais e intemporais determinantes atuando sobre os princípios materiais e temporais da existência manifestada e ordenando sua forma, como os campos mórficos, ou, mesmo, fazendo-a manifesta, como a Ordem Implicada.

E veremos também que a detecção diagnóstica dos componentes da existência manifestada, seja em evento, coisa ou pessoa, segundo o que indicam os símbolos de uma Carta astrológica, se mantém relativamente invariável no tempo, isto é, os símbolos astrológicos sugerem presentemente o mesmo tipo de aspecto da existência que apontavam há dezenas de séculos, embora neste enorme intervalo de tempo os fatos cósmicos tenham se modificado um tanto, em relação à localização objetiva dos corpos celestes no cosmo, como vimos no caso da Precessão dos Equinócios e da posição astronômica e ou astrológica dos Planetas segundo Constelações ou Signos, e também as modalidades de manifestação da existência (aqui me restrinjo a pessoas) tenham se alterado bastante, como é natural, pela evolução das estruturas ou dinâmicas sociais e do ser humano dentro delas.

Sugerindo que uma Carta astrológica parece denotar, antes de efeitos derivados de uma suposta *energia dos corpos celestes*, fatores causais perenes, no exato sentido de serem estavelmente duradouros por longo período de tempo e, não, de serem eternos, como no pensamento platônico e, em certa medida, na Escolástica medieval.

Resumindo, e esta é a minha hipótese, o que as **Efemérides astrológicas** e as **Tábuas de Casas**, que são as mesmas tabelas fundamentais da Astrologia desde muito antigamente até hoje, permitem aferir, pela elaboração de uma Carta astrológica, ou horóscopo, não é a posição objetiva de corpos celestes e ou a correlação dinâmica do ponto geográfico terrestre do surgimento de algo ou alguém com os próprios corpos celestes, que têm existência objetiva.

O que se pode identificar, por meio da Astrologia, parece ser a expressão no tempo e no espaço, de forma correlacionável a simbolismos, de dinamismos imateriais e intemporais associáveis a arquétipos e codeterminantes das formas e ou dinâmicas dos fenômenos, relacionados por sincronicidade a cada local terrestre e *kairós* (em grego: tempo oportuno) e, por isto, cocausadores importantes da forma de um algo ou alguém que ali se expressa a partir de dado instante, com sua dinâmica específica e determinada de evolução também (embora relativamente) previsível no tempo.

Uma Matemática de arquétipos, digamos assim – e por isso adoto a expressão *Astrologia Arquetípica* –, que tem sido suposta como Matemática dos astros, dada a necessidade, mais marcadamente no senso comum, de buscar apoio em suportes (supostamente) objetivos, de base (supostamente) material.

Tal necessidade é tão arraigada, que até se insinua em afirmações como a de Jung que está na Introdução deste estudo:

> "Isto significa que encontramos os fatos psicológicos como que nas constelações siderais. Disso se originou a ideia de que estes fatores derivavam dos astros, ainda que estejam em mera sincronicidade com eles".

Embora, como vimos, os cálculos logarítmicos da Astrologia nem apontem *constelações siderais* ou *astros*, enquanto corpos celestes ou grupos de corpos com existência objetiva, com os quais se pudesse estabelecer relações de sincronicidade.

Antes, parecem indicar, por meio de símbolos astrológicos convencionados há milênios – estes, sim, os símbolos, que em um dia longínquo foram elaborados com base nos corpos celestes –, diferentes conjuntos perenes de padrões de forma que atuaram, atuam e atuarão como fatores determinantes na cocausação dos fenômenos, sejam em evento, coisa ou pessoa.

Até no âmbito acadêmico contemporâneo a pressuposição de a Astrologia se referir efetivamente a corpos siderais objetivos é corriqueira.

Dando exemplo, a **Revista de História** da Fundação Biblioteca Nacional, em sua versão virtual, afirmou em artigo de novembro de 2011:

> "Parte do preconceito existe porque Astrologia não é considerada ciência, ainda que se baseie em estudos astronômicos, como Mecânica Celeste".[40]

Só que isto não é um fato, porquanto a real base da Astrologia não é astronômica, mas, sim, simbólica, cujos símbolos parecem apontar padrões que um dia foram associados, e apenas isto, a ocorrências ou termos astronômicos, e continuam associáveis, os símbolos, a dinâmicas de base da existência, seja a inanimada, seja a animada.

Neste sentido, a reiteração, na produção teórica e em eventos de astrólogos, de menções e mais menções à Mecânica Celeste e a eventos cósmicos, apenas reforça sem cessar esta pueril pressuposição coletiva e, em decorrência, mantém inalterada a situação de não se buscar descobrir o que verdadeiramente ocorre e torna a Astrologia eficaz.

40　Cristina Romanelli. *Revista de História* da Fundação Biblioteca Nacional.

Em meu entender, o que ocorre é a detecção de padrões vigentes em campos mórficos ou psicoides surgidos a partir das primeiras formas de existência de qualquer coisa, seja existência material ou existência mental, e talvez presentes também na Ordem Implicada, os quais, os campos e a Ordem Implicada, codeterminam a causação (adiante veremos melhor isto tudo) e organizam as manifestações da existência e suas principais tendências, possibilidades e probabilidades de evolução.

De um modo conhecível, desde antes e até hoje, pelos símbolos da Astrologia Arquetípica, que desvelam significados por meio de diferentes modalidades interpretativas e conformes com o tipo característico de manifestação fenomênica a que se associam, seja de evento, coisa ou pessoa, e seja no tempo atual, em diagnóstico, ou venha a ser em momento posterior, em prognóstico.

Capítulo 4

A ação de "espíritos não bons" (ou "poderes ocultos")

Vamos em frente, na questão central deste estudo sobre Astrologia e Cristianismo: se não existe *influência dos corpos celestes* como causa eficiente, de que é que já se acreditou tratar?

O que permite que astrólogos, quando competentes, bem realizem diagnósticos ou prognósticos com base no que avaliam em Cartas astrológicas, ou horóscopos?

S. Agostinho estabeleceu outra possibilidade, com isso fornecendo mais um argumento que, dentro de sua fé, os cristãos podem apresentar contra a Astrologia.

Em **Cidade de Deus**, ele afirmou:

> "Quando os astrólogos admiravelmente prognosticam muitos eventos que se mostram verdadeiros, isso ocorre por influência de espíritos não bons, a cujo cargo está estabelecer nos homens estas falsas e danosas opiniões sobre os desígnios e influxos das estrelas, e não por alguma arte que observa e analisa o horóscopo, porque ela não existe".[41]

Pausa: para quem estranhar a menção que faço aqui a S. Agostinho, associando-o à *comunicação de espíritos*, já

---

[41] S. Agostinho. *Cidade de Deus*, p. 481.

que isto costuma parecer dizer respeito a crenças específicas do Espiritismo e seus sincretismos, vale recordar que S. Tomás de Aquino, em **Suma Teológica**, nos rememora um ensinamento de S. Agostinho:

> "Quando um espírito se une a outro, é possível que comunique a ele o que sabe, graças às imagens que possui, seja levando-o a entendê-las, seja a aceitá-las como quem aprende".[42]

Continuando, e como se viu, segundo o exposto em **Cidade de Deus** nada é possível saber em decorrência de "uma arte que observa e analisa o horóscopo", já que esta arte simplesmente "não existe".

Para S. Agostinho, o que o astrólogo informa, quando acerta o que prediz, o faz sob efeito, ou por ação direta, de "espíritos não bons", isto é, como que praticando o que hoje poderíamos chamar mediunidade ou *canalização*, opinião igualmente aceita por S. Tomás de Aquino em **Suma Teológica**.

Ocorre que esta hipótese também não se sustenta.

Ao tempo de S. Agostinho ou S. Tomás de Aquino, quando eram muito poucos os que se dedicavam à Astrologia, já que para isto era obrigatório ter podido estudar exaustivamente as ciências formais da época, coisa acessível apenas para os mais afortunados, poderia se supor que estes bem poucos fossem indivíduos particularmente sensíveis ao que "espíritos não bons" lhes transmitissem – ou escolhidos a dedo, com tal finalidade, pelos "espíritos não bons" –, como sugerido por S. Agostinho e ecoado por S. Tomás de Aquino.

---

42   S. Tomás de Aquino. *Suma Teológica*. I-II, Q. 111, A. 3, Resp. 3, p. 940 (tradução minha).

Contemporaneamente, quando se contam às dezenas de milhares os estudiosos e praticantes de Astrologia em todo o mundo e, principalmente, quando há metodologia desenvolvida para disseminar internacionalmente conhecimento formalizado da área, e com isto capacitar novos astrólogos, decerto não é disto que se trata.

Veja o meu caso: quando a Astrologia entrou em minha vida, em não mais de seis meses absorvi (com paixão) 5.000 páginas de literatura especializada em português, inglês, espanhol e francês, conteúdo que se mesclou ao que, havia quase 20 anos, disciplinadamente eu estudava de Psicologia.

Assim, com base no que já conhecia e no saber astrológico de pensadores brasileiros, franceses, ingleses e norte-americanos, e de outros países, pude deter a bagagem necessária para atuar como astrólogo e, algum tempo depois, principiar a escrever sobre o assunto, divulgando o que desenvolvi apoiado no conhecimento de outrem e na minha própria prática.

Hoje, é possível que do outro lado do mundo alguém aproveite o que apresentei para, por sua vez e em seu modo, construir mais informação na área, em ato de aprendizado e, não, por influência direta de "espíritos" (ou, ao menos, nada parece indicar isto), sejam "bons" ou "não bons".

E saiba: em agosto de 1984, que foi quando a Astrologia entrou maciçamente em minha vida, Saturno transitava por 11º do Signo de Escorpião, estabelecendo uma Conjunção geométrica zodiacal com a estrela Acrux, a qual, segundo os estudiosos dedicados a *estrelas fixas*, é proeminente na Carta Natal astrológica de astrólogos.

Imediatamente após, em dezembro do mesmo ano, Saturno "entrou" (passou a transitar) na Casa XII de minha Carta Natal, Casa astrológica que, segundo interpretações convencionais da Astrologia, tem simbolismo associável ao *carma* pessoal, que é o que de mais radical deve ser experimentado pela pessoa, segundo o que foi vivido em existências anteriores (de acordo com os que acreditam nesta possibilidade) ou conforme as dinâmicas quase irrevogáveis de seu inconsciente mais recôndito (de acordo com os que pensam em noções de Psicologia contemporânea).

Na minha forma de ver, não vejo sentido algum em acreditar que um símbolo astrológico como o de Saturno, ao fazer simbolicamente – já que no Zodíaco – uma convencionada Conjunção geométrica com o ponto luminoso de uma estrela situada a 320 anos-luz de mim – sendo que nem é *uma* estrela, mas um sistema de três estrelas separadas entre si por ao menos 400 Unidades Astronômicas, ou 400 vezes 150 milhões de quilômetros –, tenha produzido qualquer coisa.

Tratou-se, como entendo, de este particular arranjo simbólico denotar que, naquela exata fase (*kairós*) desta minha existência, eu teria passado a ficar imensamente mais sensível ao efeito de campos imateriais correlacionáveis a arquétipos – ou campos psicoides arquetípicos –, entre os quais os especificamente associáveis ao simbolismo astrológico, propiciando-me absorver em curto espaço de tempo muito mais do assunto do que conseguiria em outras épocas de minha vida.

Tanto, que atuei intensamente como astrólogo profissional, atendendo um milhar de pessoas para interpretação entre 1985 e 2000.

Deste último ano em diante a atividade decresceu e passou a dormitar, enquanto eu me dedicava a outros assuntos, para ser retomada de modo inesperado e com renovado vigor em março de 2013 – quando Saturno transitava de novo por (adivinhe!) 11º de Escorpião.

Desta vez, já mais maduro no que diz respeito a conceitos, em dois anos e pouco escrevi três livros diferentes sobre Astrologia e passei a adotar a expressão *Astrologia Arquetípica* para denominar um modelo teórico e epistemológico para a Astrologia contemporânea que, aos poucos, de lá para cá foi em mim se construindo e tenho buscado desenvolver, como expus em **Por uma Filosofia da Astrologia**.[43]

---

43 Luiz Carlos C. Teixeira de Freitas, *Por uma Filosofia da Astrologia*.

Capítulo 5

Eis a questão: o que faz a Astrologia funcionar?

O Papa João Paulo II, na **Carta Encíclica Fé e Razão** ensinou em 1998:

> "A *fé e a razão (fides et ratio)* constituem como que as duas asas pelas quais o espírito humano se eleva para a contemplação da verdade. Foi Deus quem colocou no coração do homem o desejo de conhecer a verdade e, em última análise, de O conhecer a Ele, para que, conhecendo-O e amando-O, possa chegar também à verdade plena sobre si próprio".[44]

Em meu modo de pensar, disto sempre se tratou: além de ter fé, buscar compreender, já que *fé e razão são as duas asas pelas quais o espírito humano se eleva.*

Sem uma delas, fica-se manco e o que é humano empobrece.

Para tanto – compreender e, no caso do que discuto aqui, avançar no entendimento do que, no campo da razão, atribui efetividade à Astrologia –, é indispensável superar a mais perniciosa e insidiosa superstição habitual nos que estudam ou praticam Astrologia e mesmo nos que apenas cogitam sobre ela: a existência de *influência de*

---
[44] S. João Paulo II, *Carta Encíclica Fé e Razão.*

corpos celestes sobre o ser humano e seu corpo, suas ideias e sentimentos, direcionando-lhe as escolhas e atitudes.

Perniciosa, devo realçar, menos por ser infundada e, mais, muito mais, por propiciar que quem a carrega se mantenha – até sem saber – na acomodada posição de quem julga conhecer e, por consequência, de não precisar atuar no sentido de procurar, de fato, compreender.

Afinal, se supõe saber o que ocorre, por qual razão investiria tempo e trabalho buscando outra explicação, o que, além de tudo, exige conseguir admitir que, em verdade, ainda não sabe?

No século XIII, de S. Tomás de Aquino, e no século IV, de S. Agostinho, nada se conhecia de teoria de Psicologia.

Ainda assim, a existência de poderosos dinamismos interiores que subjugam o intelecto e a vontade, independente de como e segundo quais princípios a pessoa escolhe orientá-la, foi continuado objeto de questionamento e teorização por filósofos e teólogos.

S. Paulo lamentou na epístola aos **Romanos:** "Visto que não faço o bem que quero, mas o mal que não quero".[45] Ora, o que, em alguém, o leva a fazer o contrário, ou ao menos muito diferente, do que pensa ou diz querer?

S. Paulo ficou na explicação de ser o pecado e S. Agostinho, sem contraditá-lo, foi além. Em sua autobiografia, ele indagou:

> "Donde provém este prodígio? Qual, a causa? A alma manda ao corpo, e este imediatamente lhe obedece; a alma dá uma ordem a si mesma, e resiste! Ordena a alma à mão que se mova, e é tão grande a facilidade, que o mandato mal se distingue da

---

[45] Rm 7, 19.

execução. E a alma é a alma, e a mão é corpo! A alma ordena que a alma queira; e, sendo a mesma alma, não obedece. Donde nasce este prodígio? Qual, a razão? Repito: a alma ordena que queira – porque se não quisesse não mandaria – e não executa o que lhe manda! Mas não quer totalmente. Portanto, também não ordena terminantemente. Manda na proporção do querer [...] *Portanto, não é prodígio nenhum, em parte querer e em parte não querer, mas doença da alma. Com efeito, esta, sobrecarregada pelo hábito, não se levanta totalmente, apesar de socorrida pela verdade. São, pois, duas vontades.* Porque uma delas não é completa, encerra o que falta à outra".[46] [itálico meu]

S. Agostinho aventou a existência de díspares, senão por vezes opostas, *vontades* no interior da pessoa, uma mais evidente: a que se diz ser querida, e outra menos consciente: a que também quer, tanto quanto ou mais que a primeira, mas não é bem percebida.

A isto, a Astrologia também sempre se referiu: seus símbolos indicam a conformação e o estado de dinâmicas interiores do indivíduo e, por consequência, o conjunto de condicionantes inconscientes dos seus comportamentos, por vezes paradoxais, que influem decisivamente sobre escolhas e atitudes e, portanto, na orientação geral ou particular, em cada momento ou fase de sua vida.

Mas como se dá esta indicação?

Para que dados efetivos sobre a existência a Astrologia Arquetípica parece, de fato, apontar?

Ao tempo de Aristóteles, de S. Agostinho ou de S. Tomás de Aquino, no âmbito da razão e da Ciência da época, nada permitia supor haver campos imateriais e intemporais agindo sobre a constituição e a dinâmica da

---

46 S. Agostinho. *Confissões*. Livro VIII, cap. 9, p. 192.

existência, como só a Biologia, a Física da Relatividade e a Física de Partículas (ou Quântica) do século XX puderam conceituar e experimentalmente demonstrar.

Também não havia teorização sobre os fenômenos de sincronicidade, que Jung expôs em 1952 em **Sincronicidade: um princípio de conexões acausais**, obra em coautoria com o Prêmio Nobel de 1945 em Física, Wolfgang Pauli, após ter desenvolvido a hipótese por quarenta anos seguidos de pesquisa e ponderação, como detalho melhor em **Astrologia Arquetípica e Comportamento, de Ptolomeu a Jung na teia do mundo.**

O que intrigava Jung era a ocorrência, não rara e até hoje inexplicada, de um fenômeno objetivo e um estado mental subjetivo que parecem justapostos temporalmente sem haver, entre eles, relação perceptível – e nem, mesmo, possível – de causalidade, isto é, sem que um seja ou possa ser a causa do outro, mas com um evidente significado geral mais bem exposto pela existência simultânea de ambos, donde a expressão *coincidência significativa*, ou *coincidência de significados*, que seria o cerne de sua hipótese de sincronicidade.

Em seu estudo, Jung apontou como precursores históricos do conceito de sincronicidade a *simpatia de todas as coisas* do filósofo grego Hipócrates (460 a.C.-370 a.C.); a noção de que o sensível e o suprassensível se unem por um *vínculo de comunhão*, do filósofo grego Teofrasto (372 a.C.-287 a.C.); a sugestão de *necessidade e amizade que une o universo*, do filósofo judeu-helenista Filo de Alexandria (20 a.C.-c. 50); o conceito de mônada, ou *unidade de todas as coisas*, do alquimista Zózimo (c. 300); a *anima mundi*, ou alma do mundo, dos filósofos gregos Platão (428 a.c.-348 a.c.) e Plotino (205-270); a proposta de ver o mundo como um ser único, do pensador medieval italiano Pico Della Mirandola (1463-1494); o *conhecimento* ou *ideia inata* que os seres vivos têm, do humanista alemão Cornelius Agrippa von Nettesheim (1486-1535); e a concepção de *anima telluris*, ou alma da Terra, do astrônomo germânico Johannes Kepler (1571-1630).

Mencionou também Arthur Schopenhauer (1788-1860), o filósofo alemão que introduzira o Budismo na Metafísica teutônica, e suas noções de *prima causa* e de *simultaneidade significativa*, donde o termo *sincronicidade*, que ele, Jung, estabelecera a partir de 1928.

Mas o autor mais citado em seus estudos foi Gottfried Leibniz (1646-1716), que buscara explicar as dinâmicas da existência por meio de quatro fatores concomitantes: espaço, tempo, causalidade e correspondência; ou, dito em latim, *harmonia præstabilita*, isto é, harmonia previamente estabelecida.

Para este filósofo e matemático alemão, que, com Isaac Newton (1643-1727), é tido como um dos pais do Cálculo na moderna Matemática e foi o criador, em 1694, do termo *função* enquanto expressão algébrica, a correspondência é um princípio acausal de sincronia, ou simultaneidade, entre fenômenos mentais, de natureza subjetiva, e fenômenos físicos, de natureza objetiva.

De que se fala, portanto, ao mencionar sincronicidade?

Assim como entre o corpo e a mente há um *continuum* entre o não psíquico e o já psíquico, que chamo de *campo psicoide* por ser onde vicejam os arquétipos, que determinam a mente, parece haver entre o ser humano e o meio ambiente um *continuum* espácio-temporal, no qual os arquétipos também expressam significados em sincronicidade.

Sendo assim, seriam quatro os fatores condicionantes da realidade manifesta e, portanto, da existência humana:

```
              ESPAÇO
                 |
CAUSALIDADE ─────┼───── SINCRONICIDADE
                 |
               TEMPO
```

No *continuum* espácio-temporal e ambiente-psique, e no campo psicoide, que, ao que se sabe, não se submete às dimensões de espaço e tempo que conhecemos por intermédio do ego, ocorre sincronicidade quando, nas palavras de Jung, (a) "um conteúdo inesperado, que está ligado direta ou indiretamente a um acontecimento objetivo exterior, coincide com o estado psíquico ordinário", quando há (b) "coincidência significativa de dois ou mais acontecimentos, em que se trata de algo mais do que uma probabilidade de acasos", quando há (c) "coincidência, no tempo, de dois ou vários eventos, sem relação causal, mas com o mesmo conteúdo significativo", e quando há (d) "a simultaneidade de um estado psíquico com um ou vários acontecimentos que aparecem como paralelos significativos de um estado subjetivo momentâneo e, em certas circunstâncias, também vice-versa".[47]

---

47 Carl Gustav Jung. *Sincronicidade*: (a) p. 22-23; (b) p. 84; (c) p. 19; (d) p. 19.

O entendimento de que a mente e certos eventos ambientais se emaranham já estava presente em concepções muito antigas.

Jung, por exemplo, alude em seu livro sobre sincronicidade a uma passagem de texto atribuída a S. Alberto Magno (1193-1280). Segundo a menção de Jung, este teólogo teria escrito em um livro, **De mirabilibus mundi** (Sobre as maravilhas do mundo), que:

> "Quando a alma de uma pessoa cai num grande excesso de alguma paixão, pode-se provar experimentalmente que ele [o excesso] liga as coisas e as modifica no sentido em que ele [o excesso] quiser, razão pela qual a alma se acha, com efeito, tão desejosa daquela coisa que ela gostaria de realizar, *que escolhe espontaneamente a hora astrológica melhor e mais significativa, que rege também as coisas que concordam melhor com o objeto de que se ocupa*".[48] [itálico meu]

Sabe-se hoje que este livro é apócrifo e, na Idade Média, foi apenas atribuído ao grande teólogo alemão.

Todavia, o conceito carrega ensinamento e, antes de seguir em frente no foco deste estudo e aproveitar este ensino, gostaria de situar na História este caso de falsa autoria e comentar o quanto tem sido prejudicial à Astrologia ser categorizada como *ciência oculta*, ou *hermética*.

O uso da fama alheia não deve surpreender. Inúmeras vezes nomes de filósofos, teólogos e cientistas foram utilizados para atribuir credibilidade ao que era dito ou escrito, ainda mais em uma época como a do século XII,

---

48 Apud Carl Gustav Jung. *Sincronicidade*, p. 25-26.

no qual o papel começava a ser introduzido na Europa e a imprensa ainda nem existia.

Em um tipo de prática bastante comum durante toda a Idade Média, e sobretudo após o Renascimento do século XII, **De mirabilibus mundi** adaptou em parte o **Liber Regimenti**, um *livro de segredos* que era erroneamente atribuído a Platão, mas tinha origem árabe, e o próprio Alberto escreveu boa parte de seus comentários botânicos trabalhando sobre **De Vegetalibus**, um livro que em sua época era falsamente atribuído a Aristóteles.

Jung, que não sabia nada disto, informa ter utilizado para a citação uma edição não datada existente na Biblioteca Central de Zurique, Suíça, provavelmente já do início da imprensa de tipos móveis, e menciona a existência de uma edição de 1465, existente em Colônia, Alemanha, cidade na qual S. Alberto Magno foi professor e veio a falecer.

A partir da segunda metade do século XIII, o **De mirabilibus mundi** passou a integrar uma coleção chamada **Liber Aggregationis** (Livro das agregações), junto com o **Liber de virtutibus herbarum, lapidum et animalium** (Livro das virtudes das ervas, das pedras e dos animais), também chamado **Secreta Alberti** (Os segredos de Alberto).

Nele, as menções aos efeitos dos corpos celestes são frequentes.

Exemplos:

"a) a força astral que esteja então vigendo necessariamente tem uma eficácia parecida à do espírito e tende ao que o espírito deseja que seja seu;[49]

---

[49] Rafael González Macho. *Edición y comentário de "De Mirabilibus mundi" de Pseudo Alberto Magno*. Tese de Doutorado defendida em 2015 no Departamento de Filologia

b) em virtude de uma grande paixão, a alma transforma o seu próprio corpo e as coisas sobre as quais se projeta, seja porque, dada a sua dignidade, as coisas inferiores a obedecem, ou porque, mesmo que eliminada esta possibilidade, *coincida com um momento propício de conjugação astral ou de outra força capaz de fazer com que ocorra*".[50] [itálico meu]

Falei pouco antes em um *livro de segredos*.

Esta prática, existente até hoje, caracteriza um tipo de publicação que, todas as vezes por meio de coloridas elaborações retóricas, nas quais as alegorias e metáforas alegadamente carregam significados profundos *disfarçados*, promete revelar ao leitor conhecimentos secretos sobre a natureza, sobre as causas originárias das formas da existência ou, apenas, sobre aspectos da vida que são difíceis de entender.

E por hábito, neste tipo de literatura, assim como na literatura científica, se costuma citar nomes de autoridades reconhecidas em seus campos de trabalho, pesquisa ou estudos, tentando fazendo valer antes o argumento da autoridade – inúmeras vezes somente suposta como autoridade no assunto – do que a autoridade do argumento.

---

da Uned – Universidad de Educación a la Distancia, p. 126: "Ipsius uirtutis celestis que tunc est, de necessitate habent efficaciam ad similitudinem animi et mouent ad illud quod animus desiderat suum" (tradução minha).

50 Rafael González Macho. *Edición y comentário de "De Mirabilibus mundi" de Pseudo Alberto Magno.* Tese de Doutorado defendida em 2015 no Departamento de Filologia da Uned – Universidad de Educación a la Distancia, p. 118: "Seu propter grandem affectionem alteret suum corpus et alia que intendit, siue propter dignitatem eius obediant ei res alie uiliores, seu, cum tali affectione exterminata, concurrat hora conueniens aut ordo celestis aut alia uirtus potens id facere que, quamuis faciat illud, reputauimus tamen animam facere" (tradução minha).

Hoje, isto ocorre às pencas na internet, como a indicar que a prática apenas mudou a tecnologia adotada: antes, um manuscrito sobre pele animal, fosse velino ou pergaminho, ou papel rudimentar; agora, um texto digitalizado.

Por milênios, ao comprovar a efetividade (grande, mas relativa) dos diagnósticos ou prognósticos da Astrologia, mas sem conseguir explicar a que ela devia sua eficácia, a Humanidade tendeu a crer que se tratava de algo *oculto*, a que apenas *iniciados* teriam acesso, como que em uma casta de *magos*.

Por isso já escrevi:

> "A maioria dos astrólogos, até entre os que são brilhantes profissionais e competentes intérpretes ou analistas, leva anos a fio discutindo minuciosamente aspectos de cálculo, simbolismo e interpretação, só metodologia ou técnica prática e, não, aspectos epistemológicos da Astrologia, e isto a mantém restrita a círculos limitados de especialistas ou interessados, sem permitir maior extrapolação de seus conhecimentos para outras áreas de interesse científico. Pior: *lida com o conjunto de seus conceitos como se fosse matéria de fé, com extrema dificuldade em admitir-lhe a refutação, mantendo em torno a ela uma desnecessária aura quase que de magia dogmática*".[51] [itálico aplicado nesta citação]

Como vamos vendo neste estudo, à medida que se avança no entendimento das dinâmicas da existência vai ficando claro não ser disto que se trata – integrar uma hierarquia de *magos* ou *arcanos* –, embora estudar a boa Astrologia – e praticá-la, mais ainda! – exija conhecimento, muito conhecimento.

Até mesmo o que resida em um texto apócrifo.

---

51 Luiz Carlos C. Teixeira de Freitas. *Astrologia Arquetípica, autoconhecimento e espiritualidade*, p. 270.

Pois, com ele, toco aqui em um ponto sensível, já que um equívoco frequente na compreensão da hipótese de sincronicidade é a suposição de que ela abrange a ideia de causação ativa, pela mente (como agente intencional), de fenômenos exteriores a ela.

Veja como o pseudo S. Alberto Magno explicou:

> "A alma, desejosa do que gostaria de realizar, escolhe a hora astrológica mais significativa, que rege também as coisas que concordam melhor com o objeto com o qual ela, a alma, se ocupa".

Ele fala de escolha para coincidência significativa, não de causação fenomênica, por efeito da mente.

Pois dinâmicas da alma – e mentais – e certos eventos ambientais parecem poder enredar-se de um jeito que ainda não é bem compreendido, com umas e outros correlacionando-se pelo mesmo significado totalizador que assim se expressa, o que não equivale a falar do *poder da mente*, no sentido de causação voluntária, mesmo que inconsciente, de aspectos complexos da existência, como em geral são os eventos.

O espaço de ocorrências de sincronicidade parece ser o do campo psicoide, que em parte é psique e em parte é natureza, de cujos arquétipos decorrem as imagens arquetípicas que serão expressas na mente e, ao mesmo tempo, de modo significativamente coincidente, na articulação espácio-temporal com eventos objetivos à volta da pessoa e em seu meio ambiente imediato ou mediato, de modo obediente a específicos significados totalizadores que buscam se expressar no âmbito variável do *continuum* mente-corpo e psique-ambiente.

Descrevendo o dinamismo dos arquétipos, em sua hipótese sobre sincronicidade, Jung argumentou que:

> "Embora estejam associados a processos causais, ou 'portados' por eles, contudo estão continuamente ultrapassando os seus próprios limites, procedimento este a que eu daria o nome de 'transgressividade', porque *os arquétipos não se acham de maneira certa e exclusiva na esfera psíquica, mas podem ocorrer também em circunstâncias não psíquicas (equivalência de um processo físico externo com um processo psíquico)*. As equivalências arquetípicas são contingentes à determinação causal, ou meramente relacionadas, isto é, entre elas e os processos causais não há relações conformes a leis".[52] [itálico meu]

À frente veremos melhor o assunto dos campos mórficos como prováveis cocausadores de variadas formas de existência e sua possível relação com arquétipos e com a Astrologia Arquetípica.

Pois uma possibilidade, eu suponho, é a de os arquétipos, desde que determinantes no campo psicoide de alguém (com *arquétipos determinantes* significo aqui, em terminologia junguiana, *arquétipos constelados*), de algum jeito que ainda não entendemos se articularem dinamicamente com campos mórficos associados à pessoa, articulação esta que termina por estabelecer correlações de significado entre o inconsciente do indivíduo e certos eventos de seu ambiente.

A noção de *poder da mente sobre os eventos* muito se aproxima do tipo de suposição encontradiça em culturas pouco desenvolvidas e em estágios menos bem elaborados da mente humana, notadamente em crianças pequenas, mas também em indivíduos imaturos e em casos graves

---

[52] Carl Gustav Jung. *Sincronicidade*, p. 80.

de desordem psíquica, naquilo que já foi chamado de *pensamento mágico* e é a pressuposição de que desejos ou pensamentos não só fazem eventos se realizarem, como também obstam ou atraem eventos indesejados.

Como os processos mentais interferem nos processos fisiológicos, e estes deflagram dinâmicas corporais bioenergéticas, entre as quais as relativas a libido, que é energia orgânica posta a serviço da mente, tende-se a conceber os processos psíquicos como sendo movimentação de energia.

E já que se sabe que energia gera atração e repulsão eletromagnética entre fenômenos, usualmente também se costuma falar de *energia mental* atraindo ou repelindo eventos.

Só que energia é uma grandeza matematicamente definível, variando conforme a modalidade enérgica, e, como tal, isto não pode ser aplicado ao mental com propriedade.

Se, a despeito disto, insistimos em falar de *energia mental*, é só por figura de linguagem ou má compreensão, já que *energeia*, em grego, significa justo isto: ação.

Mas não é de atuação de alguma específica energia, no sentido estrito da expressão, que se fala, ao falar de mente.

Energia é essencial para manter o sistema nervoso central operando, sem o que não há psique, nem expressão da alma intelectiva, mas o propriamente mental é um conjunto de padrões de imagens se sucedendo e de funções de significação conceitual e atribuição de valor afetivo que não são, em si, *transformação de energia*: são padrões complexos de significado e valor em rearranjo incessante.

Como define o neurocientista português António R. Damásio em **O mistério da consciência:**

> "O cérebro humano engendra os padrões mentais que denominamos, por falta de um termo melhor, as imagens de um objeto. Objeto designa aqui entidades tão diversas quanto uma pessoa, um lugar, uma melodia, uma dor de dente, um estado de êxtase. Imagem designa um padrão mental em qualquer modalidade sensorial, como, por exemplo, uma imagem sonora, uma imagem tátil, a imagem de um estado de bem-estar. Essas imagens comunicam aspectos das características [...] do objeto e podem comunicar também a reação de gostar ou não gostar que podemos ter em relação a um objeto, os planos referentes a ele que podemos ter ou a rede de relações deste objeto em meio a outros objetos".[53]

Um evento psíquico ressoa no organismo com variada intensidade, afetando o composto mente-corpo em incerta medida e, por vezes, o campo psicoide, e talvez a isto o pseudo S. Alberto Magno se referisse, ao mencionar "excesso de alguma paixão, na alma", *affectio anime* ou *feruor* – fervor –, como se dizia então em latim.

Tal coisa sabemos, ao dizer que *fervemos de raiva, derretemos de ternura, explodimos de alegria, inflamos de vaidade* ou *trincamos o coração de tristeza*. Nada disto realmente ocorre, mas assim é que nos sentimos e descrevemos a nós mesmos.

Por isso, também interpretamos o que em nós se passa como sendo *energia mental*, quando, de fato, são variados graus de intensidade de dinâmicas psíquicas qualitativamente distintas induzindo típicas alterações fisiológicas corporais, de origem emocional e sentimental, que, estas, sim, percebemos ou vivenciamos corporal e intelectivamente.

Na Antiguidade, dando origem ao que pode ser visto hoje em dia como estreitíssima analogia com a noção de "campos imateriais e intemporais agindo sobre a constituição e a

---

53 António R. Damásio. *O mistério da consciência*, p. 24-25.

dinâmica da existência", como disse atrás, Platão (428-347 a.C.) concebera haver Ideias Eternas (já designadas por ele de *arquétipos*, de *arché*, principal ou princípio, e *tipós*, impressão, marca), que ele supunha terem origem divina e determinarem, a partir do *Mundo das Ideias*, a constituição de todas as coisas do *Mundo Sensível*, feito sementeira da existência.

Segundo Platão, desde sempre existiram Ideias Eternas *lá*, enquanto *aqui* ocorrem expressões imperfeitas das Ideias Eternas, sejam coisa ou característica de pessoa.

Mas fora da fé e da Filosofia, e no âmbito da razão e da Ciência, até a formulação matemática da ocorrência de *Não localidade*, em 1964, pelo físico norte-americano John Bell (1928-1990), e da existência da Ordem Implicada, em 1980, pelo físico norte-americano David Bohm (1917-1992), o paradigma dominante e excludente de outros era o da ação mecânica e ou enérgica por detrás de todas as coisas da existência, agindo no espaço e no tempo.

Não localidade, em Física Quântica, ou Física de Partículas, é o fato de dois estados quânticos *entrelaçados* (digamos, fótons), isto é, originados do mesmo *momentum* de colapso na nuvem quântica de probabilidades, reagirem no exato mesmíssimo instante quando há alteração em apenas um dos estados emaranhados, independente de distância espacial ou temporal existente entre ambos.

Isto foi o que Einstein, por não admitir certos postulados da Física Quântica, ironicamente chamou de *ação fantasma a distância*, já que tal possibilidade exigiria que a comunicação entre os estados quânticos, para refletir no outro a alteração havida em um, fosse qual fosse o tipo desta interação, se desse em velocidade superior à da luz, para ser verdadeiramente instantânea (hoje em dia, faz parte da Física avançada o estudo dos fenômenos ocorrentes com neutrinos em velocidade superlumínica, isto é, em velocidade superior à da luz).

Já, a noção de Ordem Implicada hipotetiza matematicamente a conformação de campos imateriais e intemporais nos quais a existência, inclusive tempo e espaço, está potencialmente dada, podendo manifestar-se como Ordem Explicada, a qual experimentamos.

Como exemplo do paradigma de energia e matéria, ou positivista, como se diria mais de milênio e meio adiante, Aristóteles definiu em **De generatione et corruptione** (Sobre a geração e a corrupção):

> "Se devemos investigar ação e passividade e combinação, devemos também investigar contato. Pois ação e passividade, no sentido próprio das palavras, só podem ocorrer entre coisas que se tocam uma à outra. *E as coisas não podem se combinar a menos que entrem em certo tipo de contato.* Todas as coisas que admitem combinação devem ser capazes de contato recíproco, e o mesmo é verdadeiro de duas coisas quaisquer, uma das quais age e a outra sofre a ação, no sentido próprio dos termos".[54] [itálico meu]

Se para ele havia influência de corpos siderais sobre o ser humano e seu destino, isto só poderia se dar de modo material ou enérgico, isto é, "em certo tipo de contato".

Com idêntico sentido, em 1693 Isaac Newton escreveu em uma carta pessoal ser

---

54 Aristóteles. *De generatione et corruptione*. I, cap.5, p. 322 b 22 – 28, apud Roberto de Andrade Martins, *A influência de Aristóteles na obra astrológica de Ptolomeu (Tetrabiblos)*.

"inconcebível que a matéria bruta, inanimada, opere sem a mediação de alguma outra coisa, não material, sobre outra matéria e a afete sem contato mútuo [...] Que a gravidade devesse ser inata, inerente e essencial à matéria, de modo que um corpo pudesse atuar sobre outro à distância através de um vácuo, sem a mediação de qualquer coisa, por cujo intermédio sua ação e força pudesse ser transmitida de um corpo para outro, é para mim um absurdo tão grande, que acredito que nenhum homem dotado de uma faculdade de pensamento competente em questões filosóficas jamais possa cair nele. A gravidade deve ser causada por um agente que atua constantemente de acordo com certas leis; mas se esse agente é material ou imaterial é uma consideração que deixo para meus leitores".[55]

Esta consideração só pôde ser efetivamente levada a cabo no decorrer do século XX e a ocorrência de Não localidade foi comprovada experimentalmente em 1982 pelo físico francês Alain Aspect, com o que, por conseguinte, a possibilidade de um agente causal ser imaterial e intemporal deixou de ser apenas hipótese matemática da Física de Partículas (ou Quântica) para ser um fato objetivo comprovado em laboratório.

Logo a seguir veremos o que parece ser a não obrigatoriedade de ação material ou enérgica, ao menos como as conhecemos, para que fenômenos possam ocorrer no tempo e no espaço, mas desde já cabe recordar que, em 1916, em **Teoria da Relatividade Especial e Geral,** Einstein frisou que:

"O fato de *o conceito de campo emancipar-se da necessidade de um substrato material* pertence aos processos psicológicos mais interessantes no desenvolvimento do pensamento físico".[56] [itálico meu].

---

55 Apud Burtt, E. A. *As Bases Metafísicas da Ciência Moderna*, p. 209.
56 Albert Einstein. *A Teoria da Relatividade Especial e Geral*, p. 120.

Capítulo 6

Campos imateriais cocausando a existência

Contemporaneamente, hipóteses como a dos campos mórficos e de ressonância mórfica (1981), do biólogo inglês Rupert Sheldrake, da Universidade de Cambridge, parecem apontar a existência de campos imateriais organizadores de formas da existência inanimada ou animada e, nesta, se no ser humano, também de dinâmicas psíquicas de base – portanto, codeterminantes de comportamento.

Como ocorre na Ciência, nada surge do nada. Em suas pesquisas e conceitos sobre campos imateriais condicionantes de formas, Sheldrake foi antecedido, ao menos, pelo zoólogo alemão Hans Speman (1869-1941) e pelo neuroanatomista norte-americano Harold Saxton Burr (1889-1973).

Speman, trabalhando com embriões de tritões (um tipo de salamandra) na Universidade alemã de Freiburg, descobriu na primeira metade do século XX que certas células, ao se desenvolverem na superfície embrionária, davam origem aos olhos do animal; contudo, se estas células fossem removidas, e no local fossem implantadas células retiradas de um outro local do embrião, o olho se formava normalmente, como se nada tivesse havido.

Obviamente isto não poderia ter sido codificado hereditariamente pela natureza conhecida – a remoção de células de um certo local do embrião, sem destruição do restante, e a implantação de outras, no mesmo local –, e ao que descobriu ele chamou *efeito organizador*, conceito que lhe deu o Nobel de Fisiologia em 1935.

Em conferência de dezembro daquele ano, cujo texto está depositado no *website* oficial do Prêmio Nobel, ao comentar qual seria a natureza dos fatores locais de indução da forma Speman afirmou:

> "Não é óbvio para nós o caráter do agente de indução. Desde o início pensamos que fosse de natureza química. Mas, para haver certeza, fizemos experimentos nos quais o [que para nós parecia ser] indutor fosse destruído de diferentes maneiras, como dissecação, congelamento ou fervura [...] Ficou evidente que estes tipos de tratamento não destruíam a capacidade dos indutores".[57]

Já, Burr, Professor Emérito da Faculdade de Medicina da Universidade de Yale, pesquisou nas décadas de 1930 a 1950 campos detectáveis existentes em torno de seres vivos, por ele nomeados de *L-fields* (Life-fields), e constatou que "o L-field é determinante e controla o crescimento e o desenvolvimento da forma" do ser em causação, seja semente de planta ou ovo animal ainda não fecundado, sendo que, segundo ele, "o campo determina e é, ao mesmo tempo, determinado", devendo-se

---

57 Hans Speman. *The Organizer-Effect in Embryonic Development*. Nobel Lecture em 12.12.35: "However, this does not only make obvious the largely unspecific character of the inducting agent; it also seems probable that it is chemical in nature. It was always thought to be so from the beginning. To make quite sure, experiments had to be made in which the inductor had been destroyed in various ways – by desiccation, freezing, or boiling (...) It became apparent that this kind of treatment did not destroy the capacity of the inductors" (tradução minha).

notar que, no desenvolvimento do embrião, mesmo após a fecundação do óvulo o campo não se alterava, mantendo-se constante e com isto indicando não ter natureza material ou enérgica, ao não refletir a intensa alteração biológica que ocorria no óvulo.

No âmbito da Física de Partículas, em 1980 David Bohm apresentou a hipótese de Ordem Implicada e Ordem Explicada, com a qual formulou a possibilidade de existirem campos imateriais presidindo a organização da existência material e temporal.

Bohm foi taxativo em **A totalidade e a ordem implicada:**

> "Tudo chama atenção para a relevância de uma nova distinção entre ordem implicada e ordem explicada. Falando de um modo geral, as leis da Física têm se referido, até hoje, principalmente à ordem explicada. Na verdade, pode se dizer que a função original das coordenadas cartesianas é justamente a de fornecer uma descrição clara e precisa da ordem explicada. Ora, estamos propondo que, na formulação das leis da Física, a relevância primária seja dada à ordem implicada, enquanto que a ordem explicada terá uma importância secundária".[58]

Henry Stapp é um físico norte-americano que ainda hoje trabalha na Universidade de Berkeley com Física Quântica aplicada ao estudo da consciência. Em 1977, em artigo científico publicado por aquela Universidade, ele declarou:

> "O processo fundamental da Natureza reside fora do espaço-tempo, mas gera eventos que podem nele ser localizados".[59] [e definidos]

---
58 David Bohm. *Totalidade e a Ordem implicada*, p. 158.
59 Henry Stapp. *Are superluminal connections necessary?* Il Nuovo Cimento B, vol. 40, 1, p. 191-205 (tradução minha).

Bohm, em seu estudo, expressou matematicamente aquilo que seria um dinamismo organizacional imaterial quântico que chamou de Ordem Implicada, subjacente ou *dobrada*, que pré-orienta e pré-organiza o que virá a ser existência na Ordem Explicada, manifesta ou *desdobrada*, incluindo o tempo e o espaço, e estabelece correlações entre fenômenos, na Ordem Explicada (ou manifesta), segundo as correlações potenciais que as probabilidades de ocorrência existencial mantinham entre si na Ordem Implicada (subjacente), com isso cocausando a existência como a percebemos ou registramos.

Por que *cocausando* e, não, simplesmente, *causando*?

Porque, de acordo com concepções como estas, não se trata de causar algo como sendo a única ou a mais determinante causa do que existirá.

Rememore as quatro causas definidas por Aristóteles: causa eficiente, causa formal, causa final e causa material.

Um campo organizador de forma não faz a bagagem genética de uma glicínia dar origem a uma girafa, ou o genoma de um salmão acarretar um rato: o campo organizador, a bagagem hereditária e o meio ambiente em que o ente se desenvolve, atuam de modo articulado, umas vezes mais harmonioso, outras vezes menos, resultando no fenômeno específico que passa a existir.

Por isso, causam em conjunto – ou *cocausam*.

No que diz respeito à mente, parece dar-se semelhante ocorrência, hierarquicamente determinada, com os arquétipos atuando como em campos imateriais e intemporais (campos arquetípicos) que organizam a mente durante sua formação e a predispõem a específicas categorias de conteúdo e narrativa conforme os arquétipos vigentes e as experiências ambientais vividas na formação.

Entre os inumeráveis arquétipos, que são universais, no estrito sentido de comuns a todos os seres humanos, alguns se manifestam com mais vigor na mente de uma pessoa, e outros, em outra mente.

Por serem universais, os arquétipos repousam na conformidade de sua existência em todos os indivíduos da espécie e na semelhança das experiências afetivas originárias das quais cada um decorreu (medo, alegria, surpresa, desgosto, desejo, etc.), razão pela qual os arquétipos associáveis a estas experiências são similares em todo local ou época, independente de cultura ou sociedade, e se mantêm relativamente invariáveis no tempo, na medida em que vivências individuais análogas, reexperimentadas a cada vez, reiteram recursivamente sua existência como duradouras dinâmicas imateriais organizadoras da mente humana, seja coletiva e individual, mesmo que expressas na linguagem de cada época e local e, por decorrência, com intensa variação expressiva.

Em 1981, com base em extensas pesquisas, Rupert Sheldrake apresentou sua hipótese de os campos mórficos serem causa formal na cocausação das coisas, declarando em **A new science of life – the hypothesis of formative causation** (Uma nova ciência da vida – a hipótese de causação formativa) que:

> "Campos morfogenéticos [ou mórficos] específicos são responsáveis pela forma característica e pela organização de sistemas

em todos os níveis de complexidade, não apenas no reino da Biologia, mas também nos reinos da Química e da Física. Estes campos ordenam os sistemas aos quais eles se associam, afetando eventos que, de um ponto de vista energético, parecem indeterminados ou probabilísticos; eles [os campos] restritivamente impõem padrões nas possibilidades de manifestação energética dos processos físicos".[60]

Segundo ele, faz parte da natureza a existência de campos como estes, os mórficos (ao início intitulados por ele de *morfogenéticos*), que codeterminam a forma de manifestação de fenômenos inanimados e animados, e, nestes segundos (os animados), até mesmo a ocorrência de dinâmicas psíquicas fundamentais, que são a base de modos muito característicos de comportamento individual e ou grupal.

Sheldrake conjecturou que eles:

"São associados a eventos similares prévios: os campos mórficos de todos os sistemas passados se tornam *presentes* em todo sistema similar subsequente; as estruturas dos sistemas passados afetam os sistemas subsequentes por meio de uma influência cumulativa que atua através do espaço e do tempo".[61] [itálico meu]

Seja átomo, substância, molécula ou estrutura viva (célula, tecido, órgão ou organismo).

A hipótese dos campos mórficos fala não só de forma enquanto exterioridade, ou *forma externa expressiva*, mas também enquanto função:

"A hipótese de causação formativa propõe que o campo mórfico tem um papel causal no desenvolvimento e na manutenção

---

60 Rupert Sheldrake. *A new science of life – the hypothesis of formative causation*, p. 13 (tradução minha).
61 Idem, *ibidem*, p. 13 (tradução minha).

das formas de sistemas de todos os níveis de complexidade. Neste contexto, a palavra 'forma' é utilizada para indicar não apenas a superfície externa ou o limite fronteiriço do sistema, mas, inclusive, sua estrutura interna. Esta atividade formativa dos campos mórficos é chamada causação formativa, frente à necessidade de distingui-la do tipo de causação energética, a qual é minuciosamente estudada pelos físicos [e químicos e biólogos]. Em nossa hipótese, os campos mórficos só fazem sentir os seus efeitos em conjunção com os processos energéticos, mas não são energéticos em si mesmos".[62]

Cabe notar que a definição de causação formativa de Sheldrake faz recordar a distinção aristotélica entre *causa formal* e *causa eficiente*, que fora retomada por S. Tomás de Aquino para discutir a divina ação criadora (como sendo causa eficiente).

Para não se associar às noções de *design inteligente* que embasam suposições metafísicas ou teológicas sobre a origem da Criação, Sheldrake delimitou:

"A hipótese de causação formativa diz respeito apenas à repetição de formas e, não, às razões de seu surgimento, quando da primeira vez".[63]

Proposições vitalistas presumem formas primordiais eternas e imutáveis como sendo causas formais do que virá a existir, ao passo que a hipótese de Sheldrake parte do pressuposto de que causas formais como os campos mórficos são continuamente submetidas a efeitos decorrentes das coisas formadas, que atuam em ressonância mórfica (retrocausação) sobre os campos associados a elas

---

62   Rupert Sheldrake. *A new science of life – the hypothesis of formative causation*, p. 71 (tradução minha).
63   Idem, *ibidem*, p. 94 (tradução minha).

e alteram os próprios campos no decorrer do tempo, os quais, por sua vez, cocausarão formas futuras em alguma medida também modificadas.

Numa dinâmica análoga ao que parece ocorrer com os arquétipos. Como Jung lembrou em carta pessoal escrita em 1952,

> "Aquilo que acontece na consciência humana tem um efeito retroativo sobre o arquétipo inconsciente".[64]

Mais ainda:

> "O arquétipo é universal, isto é, sempre e em toda parte é idêntico a si mesmo. Se for tratado corretamente, nem que seja num lugar apenas, ele é influenciado como um todo, isto é, simultaneamente e em toda parte".[65]

Sheldrake detalhou:

> "Nos estágios iniciais de sua existência, o campo morfogenético é relativamente pouco definido e [por isso] é influenciado significativamente pelas variantes individuais [ou seja, as variações dos sistemas afins àquele campo, que vão surgindo]. À medida que o tempo avança, a influência cumulativa de inumeráveis sistemas análogos vai conferindo uma estabilidade cada vez maior ao campo; assim, quão mais próximo da média for o sistema, maior a probabilidade de que ele se repita no futuro".[66]

De acordo com o biólogo, quando uma nova substância química é sintetizada em laboratório nada há conhecido pela Ciência que determine a maneira exata de como a substância cristalizará.

---

64 Carl Gustav Jung. *Cartas 1946-1955*, p. 239.
65 Idem. *Cartas 1956-1961*, p. 290.
66 Rupert Sheldrake. *A new science of life – the hypothesis of formative causation*, p. 100 (tradução minha).

Dependendo das características das moléculas em uma solução saturada, por exemplo, várias formas de cristalização são possíveis; então, pela intervenção de fatores puramente circunstanciais ou aleatórios, uma dessas possibilidades se efetiva e a substância adota um específico padrão de cristalização.

Uma vez que isso aconteça, um novo e específico campo mórfico passa a existir e, a partir daí, a ressonância mórfica do campo gerado pelos primeiros cristais faz com que a ocorrência de análogo padrão de cristalização se torne mais provável em qualquer outro laboratório do mundo, por mais distante que esteja. E quanto mais vezes o padrão se efetivar, maior será a probabilidade de que advenha novamente em eventos semelhantes.

Como todo sistema complexo se associa a um determinado campo mórfico, segundo Sheldrake, e organismos são sistemas compostos de sistemas dentro de sistemas: átomos, substâncias, moléculas, células, tecidos e órgãos, cada um e todos os sistemas participam da ressonância mórfica com campos ressoando dentro de campos todo o tempo.

Evidências neste sentido – *campos ressoando dentro de campos todo o tempo* – Burr já havia encontrado em seus experimentos. Ele relatou em **Blueprint for immortality – the electric patterns of life** (Diagrama para imortalidade – os padrões elétricos da vida) que:

> "Os L-fields [ou Life-fields] mensurados parecem ser, por sua vez, influenciados por campos mais vastos dentro dos quais estamos todos imersos, como podemos verificar pelos efeitos de períodos de ativação das manchas solares sobre os L-fields de árvores monitoradas [...] Na criação de formas vivas, os L-fields

ultrapassam as leis normais da Química e da Física. Eles compelem átomos e moléculas a assumir e a reter arranjos materiais estáveis, mesmo durante incessantes alterações, os quais voltam a ser simples componentes isolados quando da morte da forma. Se não existisse esta 'cadeia de autoridade' entre os L-fields, você e eu não existiríamos na nossa forma atual porque as moléculas complexas das quais somos compostos não se construiriam por si sós – ou por acaso – e não reteriam a sua específica forma de composição".[67]

Entretanto, uma coisa é pensar em sistemas complexos no que respeita a constituintes materiais e funções básicas, e outra coisa, bem diferente, é pensar em formas de comportamento, que têm um nível de complexidade imensamente maior e até mesmo envolvem aspectos subjetivos, em se tratando de animais superiores.

É bastante conhecida a historieta do *Centésimo Macaco*, que obteve grande repercussão nos ambientes da chamada Cultura Nova-era, embora nunca tenha ocorrido. Segundo esta fábula, macacos de uma ilha começaram a lavar tubérculos antes de comê-los; aí, quando um determinado total de macacos aprendeu a fazê-lo – no caso, cem –, os macacos de outra ilha, com a qual não havia forma alguma de comunicação, espontaneamente passaram a lavar os tubérculos também.

---

67   Harold S. Burr. *Blueprint for immortality – the electric patterns of life*, p. 114: "But the L-fields of this planet are themselves influenced by the greater fields in which our world is enmeshed, as we found from the effects of sun-spot activity on the fields of trees (...) In building living forms, the fields of life override the normal laws of chemistry and physics. They compel atoms and molecules to assume and to retain through constant changes of material-stable arrangements, which break down to simpler compounds after the death of the form. If it were not for this 'overriding authority' of the L-fields you and I could not exist in our presente form because the complex molecules of which we are composed could not build themselves on their own – or by chance – and could not retain their composition" (tradução minha).

No essencial, contudo, parece haver base para que tal evento pudesse ter ocorrido, como o demonstra experimento conduzido pelo zoólogo anglo-australiano Wilfred E. Agar (1882-1951), que no início do século XX se dedicou a pesquisar a transmissibilidade de bases genéticas de comportamento.

Mencionando o trabalho deste pesquisador em sua obra, Sheldrake relata que:

> "Por um período de 20 anos foram mensuradas as taxas de aprendizado em linhagens treinadas e não treinadas de ratos, em até 50 gerações sucessivas. Constatou-se haver uma marcada tendência de os ratos, nas linhagens treinadas, aprenderem cada vez mais rápido a cada nova geração. Mas a mesma tendência foi constatada nas linhagens não treinadas",[68]

que eram o grupo-padrão de controle no experimento.

A hipótese dos campos mórficos ainda não está inteiramente comprovada, mas já há indícios laboratoriais de sua veracidade.

Em julho de 1990 Sheldrake estruturou uma experimentação com Steven Rose, Professor Emérito de Biologia e Neurobiologia na Open University de Londres e fundador, naquela instituição, do Grupo de Pesquisas do Cérebro, dedicado a estudar os processos biológicos que envolvem a memória, com vistas a ampliar a compreensão sobre o Mal de Alzheimer.

A pesquisa daquele grupo era fortemente centrada nas alterações bioquímicas no cérebro de pintainhos submetidos a diferentes tipos de aprendizado. Assim,

---

[68] Rupert Sheldrake. *A new science of life – the hypothesis of formative causation*, p. 189-190 (tradução minha).

o experimento optou por adotar uma técnica rotineiramente empregada no laboratório, envolvendo *aprendizado com aversão condicionada*.

Normalmente, pintainhos de um dia bicam sem hesitação alguns pequenos objetos brilhantes postos ao seu alcance, como miçangas, exceto se por algum motivo o objeto se tornar aversivo; e eles não demonstram hesitação frente a objetos de diferentes cores, indicando não haver seletividade cromática.

Para a experiência, decidiu-se que grupos de pintainhos seriam expostos por 37 dias, no decorrer de 10 semanas, a um pequeno LED emissor de luz amarela, um estímulo que nunca fora usado em experimentos deste tipo.

De acordo com a hipótese de causação formativa, sucessivos pintainhos, formando grupos-padrão de controle, deveriam apresentar crescente tendência a evitar bicar o LED, influenciados por reações aversivas dos pintainhos dos grupos de teste, com os quais nunca tivessem tido qualquer tipo de encontro ou comunicação, segundo as formas convencionais de comunicação entre animais.

Esta aversão seria registrada como a demora, ou latência, em bicar o objeto, causada por estímulos desagradáveis associados direta e exclusivamente ao LED, sofridos pelos pintainhos dos grupos de teste.

Em junho de 1992 Sheldrake publicou o teste e registrou:

> "Como resultado, a diferença em latência nos pintainhos dos grupos de teste e dos grupos-padrão de controle aumentou na medida em que o tempo passava, e a explicação para isso, nos termos da ressonância mórfica, foi a de que os grupos de pintainhos dos grupos de controle mostraram uma tendência progressiva

para se tornarem mais avessos ao LED amarelo porque os pintainhos dos grupos de teste (com os quais eles nunca tinham se encontrado) tinham se tornado avessos a ele. Em outras palavras, isso se parece com o tipo de efeito de memória coletiva previsto pela hipótese da causação formativa".[69]

Com apoio em conhecimentos assim, penso que a existência manifesta – seja matéria inanimada, estrutura corporal ou dinâmica psíquica constitucional e, sendo psiquismo, individual, grupal ou coletivo – é em imensa medida determinada ou condicionada por uma teia de campos imateriais e intemporais associáveis a arquétipos (digo "imensa medida", porque não se pode desprezar o efeito de heranças material e energicamente transmissíveis, como a genética, a epigenética e ou a congênita, e os efeitos do meio ambiente imediato e mediato durante a formação do ente vivo).

E que tais campos imateriais e intemporais são correlacionáveis a símbolos criados pela mente humana, entre os quais os astrológicos, em sua incessante tarefa de apreensão, entendimento e conceituação da existência manifesta e de suas bases ou dinâmicas determinantes.

Se isto for assim, o que a simbólica da Astrologia Arquetípica indica pode ser o conjunto de campos imateriais e intemporais diretamente atuantes sobre o aspecto da existência que está sendo estudado a cada caso (seja coisa, pessoa ou evento, e segundo sua Carta Natal), associáveis a arquétipos e retratados simbolicamente, e o conjunto de efeitos mais prováveis destes campos, dentro do que se

---

[69] Rupert Sheldrake. *An experimental test of the hypothesis of formative causation* (tradução minha).

costumou empiricamente verificar em cada tipo de evento e ente inanimado ou animado no transcorrer das eras. Como detalhei em outro estudo,

> "Em virtude da sincronicidade, e por meio de um dinamismo que ainda está por ser mais bem explicado, o conjunto de símbolos astrológicos referentes a um particular indivíduo, porque diretamente associável a sua específica data, horário e local de nascimento (por latitude e longitude), indica com precisão minuciosa qual e como foi a dinâmica de constituição psicossomática desta particular pessoa, no tocante ao processo de cocausação das instâncias mentais e às características e à intensidade afetiva dos conteúdos que passaram a vigorar em cada instância, tanto consciente quanto inconscientemente.
> Para conhecer esta dinâmica de constituição e seu resultado basta estabelecer e interpretar quais arquétipos, em sincronicidade, manifestaram proeminência em relação àquele exato lugar e instante da existência – e vão ganhando destaque, no decorrer do tempo e dos deslocamentos no espaço –, decorrendo da articulação arquetípica cocausadora, ali (espaço) e então (tempo) disposta na teia do mundo".[70]

Por tal motivo, os modos fundamentais de interpretação da simbologia astrológica se mantêm basicamente os mesmos em seus aspectos estruturais desde os babilônios, já que se aponta análogos dinamismos de base, pouco importando como elas, as dinâmicas, se expressem.

---

70 Luiz Carlos C. Teixeira de Freitas. *Astrologia e comportamento – De Ptolomeu a Jung, na teia do mundo*, p. 63-64.

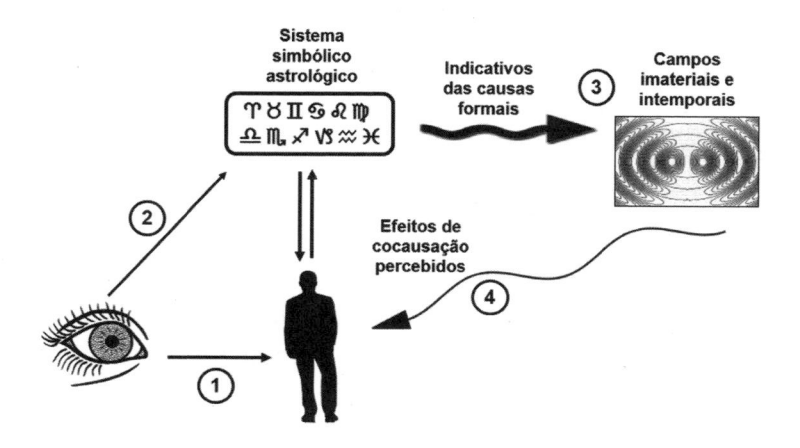

No esquema gráfico, acima, o olhar do astrólogo, ao analisar o indivíduo (1), embora pouse no conjunto de símbolos astrológicos que o caracterizam na Carta Natal astrológica (2) e, segundo os modos convencionais de interpretação, pareçam estar denotando *como os corpos celestes atuam sobre a pessoa*, o que de fato está sendo percebido pode ser o conjunto de efeitos de peculiares campos imateriais e intemporais (3) que, estes, sim, atuaram, atuam e atuarão sobre o indivíduo e condicionaram, condicionam e condicionarão em importante medida (4) a sua forma de se expressar na existência, sejam corporais ou mentais estas expressões, donde o astrólogo poder falar de formas características de comportamento (íntimo ou manifesto) e ou de peculiares ocorrências na existência da pessoa, em sincronicidade, segundo o que a simbólica utilizada indica em cada caso particular, com base em padrões gerais e duradouros um dia percebidos e estabelecidos.

Milênio e meio atrás, na ausência deste tipo de possibilidade de entendimento (embora, em grande parte, seja ainda uma coleção de hipóteses), a habilidade aprendida e desenvolvida, por alguns poucos, de detecção de tais efeitos e padrões, expressos em *características das coisas e ocorrências previsíveis*, bem poderia parecer coisa de "espíritos não bons", como acreditado por S. Agostinho.

Pela mesma razão, se S. Tomás de Aquino ajuizava que "a própria disposição de órgãos, adequada ao movimento, procede de alguma forma da influência dos corpos celestes",[71] como é que ele poderia conjecturar, fora do âmbito da fé ("espíritos") e no âmbito da razão (e da Ciência da época), a existência de campos imateriais e intemporais codeterminando a forma e a função dos órgãos, conceito que permitiria a ele deixar de supor a existência de *influência dos corpos celestes*?

---

71 Ver página 24.

Capítulo 7

Condicionamento *versus* livre-arbítrio

Resta ainda, por ver, o arbítrio: o ser humano é verdadeiramente livre para escolher?
Como se sabe, é e não é.
É, no sentido de poder livremente optar entre diversas atitudes possíveis, segundo a consciência que tenha e os valores éticos e morais que adote. Não é, no sentido de que compulsões por ele desconhecidas, advindas de sua herança e inconsciente, interferem, até de modo determinante, em suas atitudes, orientando suas escolhas e restringindo-lhe a amplitude do leque pessoal de possibilidades de atuação.
Isto, já encontramos em S. Agostinho:

> "A alma ordena que a alma queira; e, sendo a mesma alma, não obedece. Donde nasce este prodígio? Qual, a razão? Repito: a alma ordena que queira – porque se não quisesse não mandaria – e não executa o que lhe manda! Mas não quer totalmente. Portanto, também não ordena terminantemente. Manda na proporção do querer [...] Portanto, não é prodígio nenhum, em parte querer e em parte não querer, mas doença da alma".[72]

---
72 Ver página 73.

Repetindo o que também foi dito, para S. Tomás de Aquino:

> "Nada impede que, sob a influência dos corpos celestes alguns estejam mais dispostos à ira, à luxúria ou alguma outra paixão semelhante, como podem senti-lo por compleição natural. No entanto, a maioria dos homens segue suas paixões. Portanto, verifica-se na maioria o que é anunciado sobre os atos de homens através do estudo dos corpos celestes. No entanto, como Ptolomeu diz no *Centiloquium*: 'O homem sábio domina as estrelas, porque, ao resistir às paixões, evita o efeito dos corpos celestes com sua vontade livre e nunca submetida ao movimento celeste'".[73]

Admitindo a existência de influência dos corpos celestes sobre as emoções humanas (*paixões*), S. Tomás de Aquino assume que o homem não precisa ceder ao efeito destas influências, exercendo a livre vontade e podendo orientá-la para o Bom, Belo e Verdadeiro: Deus.

Assunto que nos conduz ao dominicano S. Alberto Magno, que foi professor de S. Tomás de Aquino na Universidade de Paris – na época, o mais importante centro europeu de Teologia –, e é considerado um dos mais completos e competentes pensadores cristãos do século XIII.

Como já fazia tempo que S. Alberto Magno se dedicava a estudar Astrologia, que para ele era a "ciência do julgamento das estrelas",[74] a pedido do Papa Alexandre IV (1119-1261) e por volta de 1260, quando já era Bispo da cidade alemã de Regensburg, ou Ratisbona, ele escreveu o livro **Speculum Astronomiæ** (O espelho da Astronomia), focado na Astrologia.

---

73 Ver página 19.
74 "Scientia iudiciorum astrorum" (tradução minha) (ver nota 85).

Na abertura da obra, de apenas 33 páginas se impressas hoje em dia em latim corrente, ele explicitou que:

> "Há duas grandes sabedorias e ambas são definidas pelo nome astronomia [...] A segunda grande sabedoria, também chamada astronomia, é a ciência do julgamento das estrelas, que estabelece a relação entre filosofia natural e metafísica".[75]

Para compreender melhor o borbulhar de conhecimentos instaurado pelo Renascimento do século XII, vale recordar que dois livros de Aristóteles (**De generatione et corruptione** e **Meteorologica**) haviam sido traduzidos em 1150 e 1160 e, mais à frente, entre 1350 e 1500 cerca de 750.000 pessoas ingressariam nas então surgidas universidades europeias, onde, ao estudar o *Quadrivium*, fariam contato com a Astronomia (e a Astrologia).

Nos séculos iniciais da Era Cristã o modelo de estudos adotado na Grécia Antiga fora sistematizado por Marciano Capela (375-425) como as *Sete artes liberais*: o *Trivium* (Gramática, Lógica e Retórica) e o *Quadrivium* (Aritmética, Astronomia, Geometria e Música), um padrão acadêmico geral que foi adotado nas universidades medievais, as quais, no tocante à Astronomia, foram profundamente marcadas pelas obras aristotélicas.

Neste ambiente, S. Alberto Magno estava entre os que defendiam com veemência a Astrologia e, em 2010, o Papa Bento XVI afirmou sobre ele que:

---

75 "Duae sunt magnae sapientiae et utraque nomine astronomiæ censetur (...) Secunda magna sapientia, quae similiter astronomia dicitur, est scientia iudiciorum astrorum, quae est ligamentum naturalis philosophiae et metaphysicae" (tradução minha) (ver nota 85).

> "Com rigor científico, ele estudou as obras de Aristóteles, convencido de que *tudo aquilo que é realmente racional é compatível com a fé revelada nas Sagradas Escrituras*. Em síntese, S. Alberto Magno contribuiu assim para a formação de uma filosofia autônoma, distinta da teologia e a ela vinculada só pela unidade da verdade. Assim nasceu, no século XIII, uma clara distinção entre estes dois saberes, filosofia e teologia, que, em diálogo entre si, cooperam harmoniosamente para a descoberta da *autêntica vocação do homem, sequioso de verdade e de bem-aventurança:* e é sobretudo a teologia, definida por Santo Alberto 'ciência afetiva', aquela que indica ao homem a sua vocação à alegria eterna, um júbilo que brota da plena adesão à verdade". [itálicos meus]

Recordou também que:

> "Os seus interesses enciclopédicos o levaram a ocupar-se não só de filosofia e de teologia, como outros contemporâneos, mas também de todas as outras disciplinas então conhecidas, da física à química, da astronomia à mineralogia, da botânica à zoologia. Por este motivo, o Papa Pio XII nomeou-o padroeiro dos cultores das ciências naturais e é chamado também 'Doctor universalis', precisamente pela vastidão dos seus interesses e do seu saber.[76]

Como se vê, S. Alberto Magno, que é tido como o maior filósofo e teólogo alemão da Idade Média, é sólida referência. E exatamente porque em obras sobre Astrologia seja bastante frequente citar esta ou aquela personagem histórica como completo e seguro indicativo da credibilidade do assunto ou da fonte, pareceu-me bom delongar-me um pouco sobre minha escolha quanto a utilizar trechos desta obra de S. Alberto Magno na discussão sobre liberdade de escolha e uma suposta incompatibilidade entre Astrologia e fé cristã.

É prudente discutir a autoria do **Speculum Astronomiæ**, na medida em que problemas de identidade autoral

---

76 Papa Bento XVI. *Audiência geral*, 24.03.2010.

são comuns em documentos medievais ou anteriores à Idade Média, e na primeira metade do século XX discutiu-se se a obra era de S. Alberto Magno ou de outro autor (o franciscano Roger Bacon, talvez).

Para pesquisadores mais recentes, como Paolla Zambelli, Doutora em História da Filosofia pela Universidade de Florença e autora de obra fundamental sobre o tema, **O 'Speculum Astronomiæ' e seu enigma: Astrologia, Teologia e Ciência em Alberto Magno e seus contemporâneos,**[77] não há dúvida sobre a autoria. O mesmo, acredita o Doutor em Filosofia pela Universidade do Tennessee, Scott Edward Hendrix, que em seu estudo registra depoimento de um franciscano, Bonaventura de Iseo (1200-1285):

> "Na verdade, eu, irmão Bonaventura de Iseo, da ordem dos menores [os franciscanos], era amigo próximo do irmão Alberto da Alemanha [S. Alberto Magno é assim intitulado em vários documentos da época] e do irmão Tomás de Aquino, da ordem dos pregadores [os dominicanos], que eram homens retos e grandes compiladores da escrita da sabedoria dos sábios. Agora, o irmão Alberto tinha nos dias de sua própria vida *uma graça concedida pelo Papa,* por causa de sua fama de santidade, intelecto e prudência, e ele foi *licitamente autorizado a estudar, conhecer e analisar, bem como testar, todas as artes das ciências, do bom e do mau, louvando livros de verdade e condenando livros de falsidade e de erro.* De onde ele trabalhou muito para completar os livros já iniciados de Aristóteles, e ele fez novas compilações de livros sobre muitas artes das ciências, tais como astrologia, geomancia, necromancia, bem como de pedras preciosas e das experiências de alquimia".[78] [itálicos meus]

---

77 Paola Zambelli. *The "Speculum Astronomiæ" and its Enigma: Astrology, Theology and Science in Albertus Magnus and his Contemporaries.*
78 Apud Scott Edward Hendrix. *God's Deaf and Dumb Instruments: Albert the Great's Speculum Astronomiae and four centuries of readers*, p. 21: "Ego quidem frater Bonaventura de Ysio ordinis minorum fui amicus domesticus fratris Alberti theutunici et

Este depoimento é precioso testemunho. Além de mencionar o estudo de S. Alberto Magno, explica por qual razão o Papa Alexandre IV teria solicitado a ele um tratado sobre Astrologia, o que para alguns poderia soar estranho.

Ao que se depreende, o que o Papa solicitara fora um parecer sobre os aspectos bons e maus de todas as artes e ciências, inclusive as *ocultas* e entre estas a Astrologia, visando ter melhores subsídios para orientar bem a Cristandade.

Tanto, assim foi, que o **Speculum Astronomiæ** se encerra com uma relação de obras sobre Astrologia, classificadas por S. Alberto Magno como sendo aceitáveis ou inaceitáveis para os cristãos, segundo a fé (e, isto, futuramente foi utilizado pela Santa Inquisição).

Diz o teólogo alemão já no início:

> "Nenhuma ciência humana alcança esta ordenação do universo [tão] perfeitamente como a ciência dos julgamentos das estrelas o consegue. Para que isto fique óbvio, vou descer a detalhes, mencionando quase todos os livros louváveis que a cultura latina, empobrecida neste [assunto], recebeu das riquezas de outras línguas, por meio de tradutores".[79]

---

fratris Thome de Aquino ordinis predicatorum, qui sic fuerunt probi viri et magni compositores scripture sapientie sapientium. Nam frater Albert in diebus vite sue habuit gratiam a domino papa propter eius famam sanctitatis et intellectus et prudentie et licite potuit addiscere, scire et examinare et probare omnes artes scientiarum boni et mali, laudando libros veritatis et dampnando libros falsitatis et erroris. Unde multum laboravit in complendo inceptos libros Aristotelis et novas compilationes librorum fecit de multis artibus scientiarum ut astrologie, geomantie, nigromantie, lapidum pretiosorum et experimentorum alchimie" (tradução minha).

79 "Hi autem sunt homo et ordinatio universi ad ipsum, videlicet supercaelestium, ut praebeant ductum rationalibus, et elementorum, in quibus sumptus rationalium mensurentur, quam universi ordinationem nulla scientia humana perfecte attingit, sicut scientia iudiciorum astrorum. Quod ut liquidius appareat, descendam ad partes eius, commemorans quasi omnes libros laudabiles, quos de ea pauper latinitas ab aliarum linguarum divitiis per interpretes mendicavit" (tradução minha) (ver nota 85).

Para, mais ao final da obra, explicitar as obras tidas por ele como inadequadas,

> "que (como já disse), usurparam o nobre nome da astronomia em benefício próprio; e há muito tempo eu tenho inspecionado muitos desses livros, mas desde que me retraí por horror a eles, não tenho memória perfeita em relação aos seus números, títulos, inícios, conteúdos ou autores. Na verdade, o meu espírito nunca esteve tranquilo ao lidar com esses [assuntos] [...] [mas] eu queria observá-los bem [...] [para que] eu pudesse ter [algo] retirado do seu próprio [trabalho] com o qual eu pudesse [rejeitá-los] [...] E, de fato, entre os livros de que eu me lembro agora [...]".[80]

A seguir, S. Alberto Magno expõe uma longa relação de obras tidas por ele como inaceitáveis segundo a fé cristã.

É importante lembrar que, no decorrer da Idade Média, e mais notadamente a partir do século XII, que foi quando os conhecimentos astrológicos dos povos muçulmanos e o trabalho de Ptolomeu começaram a ser amplamente divulgados na Europa, em função dos intercâmbios culturais decorrentes das Cruzadas, a Astrologia foi ganhando papel social cada vez mais determinante.

Além de as bases das principais noções astrológicas estarem presentes nas obras de Aristóteles, também só então conhecidas pelos europeus – embora ele não tenha escrito propriamente sobre Astrologia e, sim, sobre Astronomia –,

---

[80] "Isti sunt duo modi imaginum necromanticarum, quae nobile nomen astronomiae (sieut dixi) sibi usurpare praesumunt; et ex eis, iamdiu est, libros multos inspexi, sed quoniam eos abhorrui, non extat mihi perfecta memoria super eorum numero, titulis, initiis aut continentiis sive auctoribus eorundem; spiritus enim meus numquam requiescebat in illis, bene tamen volebam transeundo vidisse, ut saltem non ignorarem qualiter esset miseris eorum secta toribus irridendum, et haberem de suo unde repellerem excusationes eorum, et quod potissimum est, ut super consimilibus de caetero non tentarer, cum persuasiones suas invalidas non admittendas censerem. Et libri quidem ex eis quos possum modo ad memoriam revocare" (tradução minha) (ver nota 85).

em 1125 Adelardo de Bath (1080-1152), filósofo e matemático britânico notabilizado por verter para o inglês obras islâmicas, traduziu estudos de Abu Ma'shar Já'far ibn Muhammad al-Balkhi, conhecido como Albumasar (787-886), matemático, astrônomo, astrólogo e filósofo persa citado por S. Alberto Magno em alguns de seus textos.

Em 1138 surgiu a primeira tradução do **Tetrabiblos** de Ptolomeu, do árabe para o latim, feita por Platão de Tivoli. No século XIII, Alfonso X de Leão e Castela (1221-1284), que ficou conhecido como *O Sábio*, ou *O Astrólogo*, encomendou a tradução de diferentes obras astronômicas e astrológicas. Pedro III de Aragão (1239-1285), que reinou entre 1336 e 1386, ordenou a elaboração de tabelas astronômicas e a redação de um tratado de Astrologia. Em 1390, João I de Aragão (1350-1396) mandou preparar um almanaque válido por três anos, para fins astrológicos.

Já no século XIV o astrólogo cortesão era figura corrente na Itália e logo após isto passou a se dar na França e em outros países. Na França, o Rei Carlos V (1338-1380) ordenou a tradução de tratados astrológicos e acumulou em sua biblioteca 180 volumes sobre o assunto. E desde o século XIII a Astrologia Médica vinha ganhando enorme espaço de influência, a ponto de que, em 1405, a Universidade de Bolonha requeria que os alunos de Medicina fizessem um curso de quatro anos em Astrologia.

Hoje, quando a Astrologia se reduz a seções de entretenimento nos meios de comunicação, a despeito de livros sobre o tema virarem *best-sellers* e centenas de milhares de pessoas consultarem com maior ou menor discrição astrólogos em dezenas de países e com os mais diferentes interesses (relações pessoais, iniciativas em negócios, quadros variados de doença, etc.), não se imagina o quanto ela, naquela época distante, fundamentava posições políticas de nações, orientava diagnósticos médicos, embasava decisões de investimento e recomendava (ou não) alianças de poder.

Por esta razão, ter opinião sobre a Astrologia era crucial, até mesmo para um rei ou Papa.

Ao centro de tudo isso, estava firmemente estabelecido desde os primeiros pensadores cristãos que todo tipo de divinação podia ferir o princípio do livre-arbítrio, pois se fosse possível prever o que aconteceria, para que, então, haver princípios éticos, discussões morais ou, mesmo, árduo aperfeiçoamento íntimo das atitudes e formas de comportamento pessoal ou convívio?

Deste modo, faz total sentido que um dos mais reconhecidamente competentes teólogos e cientistas daquela época, como foi S. Alberto Magno, viesse a ser convocado a opinar sobre o assunto, tendo como mote central a livre vontade, pilar teológico da fé cristã.

Por fim, mas não menos importante, S. Alberto Magno, juntamente com sua solidez teológica e profundos conhecimentos da Escritura, e uma vida inteira de trabalho dedicado à Igreja, tinha marcado interesse por todas as ciências já na época denominadas *ocultas*, convencido de que tudo que fosse conforme a razão era obra de Deus, competindo ao cristão aprender a diferenciar entre o bom e o mau preceito no conjunto total de todos os ensinamentos existentes.

Tanto, que no **Speculum Astronomiæ** ele até mesmo incluiu um capítulo sobre a produção de imagens com base nas posições siderais, o que a alguns pareceu indício de idolatria, conceituando quais princípios deviam ser adotados para discernir, entre as *imagens-talismã*, as aceitáveis e as inaceitáveis para um cristão fiel à fé da Igreja.

Essa firme postura pessoal marcou em definitivo vários de seus alunos em Paris, entre eles S. Tomás de Aquino, que, embora nada tenha escrito especificamente sobre Astrologia, viria a admitir em suas obras a *influência dos corpos celestes* na vida humana, e Meister Eckhart, tido como um dos mais vigorosos pensadores *místicos* entre os dominicanos, mesma ordem religiosa à qual S. Alberto e S. Tomás de Aquino pertenciam, que em sua obra sobre o Evangelho de S. João escreveria sobre a *influência dos corpos celestes* sobre a vida humana.

Por tudo isto, o **Speculum Astronomiæ** deteve por séculos o *status* de texto semicanônico, quer por ter sido elaborado por um dos mais bem preparados intelectuais católicos da época, quer por ter sido encomendado, e aceito, por um Papa.

No tocante à Astrologia, a posição de S. Alberto Magno era clara: os seres humanos podem livremente decidir como agir, por meio do exercício da livre vontade, mas a maioria das pessoas não se esforça para isto, razão pela qual as previsões da Astrologia são acertadas na maior parte das vezes, embora não em todas, podendo fracassar quando o exercício do livre-arbítrio é vitorioso.

Para S. Alberto Magno, o Santo padroeiro dos cientistas, a Astrologia testemunhava ser o próprio Deus a atuar, "por meio de estrelas surdas e mudas, utilizadas como instrumentos".[81] Portanto, segundo ele:

> "O que poderia ser mais desejável para o homem que pensa, do que ter uma ciência intermediária [isto é, entre a Filosofia natural e a Metafísica] que pode nos ensinar isso e que as mudanças no mundo mundano são efetuadas pelas mudanças nos corpos celestes?"[82]

Como ele ajuizava, estudar a influência dos corpos celestes era um componente importante dos estudos daqueles que abraçam a fé cristã, para entenderem que todas as coisas são de Deus, já que, ao influenciar o homem por meio dos movimentos do céu, [Ele] "regula e causa alterações na operação intelectual da alma",[83] como escreveu em outra obra sua, **De fato**,[84] que fora redigida em 1257 para explicar a Astrologia, viria a estar na raiz de continuados debates clericais sobre o assunto e daria a ele a visibilidade necessária para que o Papa lhe ordenasse a elaboração do **Speculum Astronomiæ**.

Em meu modo de ver, para o que vimos até aqui são tão importantes estes trechos de S. Alberto Magno, que optei por inserir fragmentos do texto original em latim,[85] pois neles se

---

81 "Per stellas surdas et mutas sicut per instrumenta" (tradução minha) (ver nota 85).
82 "Quid desideratius concionatori quam habere mediam scientiam, quae doceat nos qualiter mundanorum ad hoc et ad illud mutatio caelestium fiat corporum mutatione?" (tradução minha) (ver nota 85).
83 "Per motum cœli regulat et causat operationes intellectualis animae" (tradução minha) (ver nota 85).
84 S. Alberto Magno. *De fato*. Artigo 1, p. 400.
85 Com exceção da menção ao depoimento de Bonaventura de Iseo (nota 78) e ao trecho mencionado da obra *De fato* (nota 83), as citações em latim de S. Alberto Magno registradas neste estudo foram extraídas do texto originário latino que integra o estudo citado de Paola Zambelli.

expõe com absoluta clareza que ele julgava que, *por meio dos movimentos do céu*, isto é, por meio dos astros – e S. Alberto Magno falava explicitamente de todos os Planetas então visíveis no céu, de Mercúrio a Saturno, além de Sol e Lua), que atuam como *instrumentos surdos e mudos da ação divina*, Deus regula e causa alterações, inclusive, naquilo que, no homem, é mais do que corpo: *na operação intelectual da alma*.

Portanto, dito de outro modo, embora sempre segundo a vontade de Deus, havendo efeitos, embora indiretos, dos *movimentos do céu* sobre a memória, a inteligência e a vontade da alma, ou na psique.

Com o que volto ao que S. Tomás de Aquino expressou em **Suma contra os Gentios** e vimos atrás:

> "*Ainda que a alma tenha alguma operação própria da qual o corpo não participa, como a intelecção*, há, não obstante, algumas operações comuns a ela e ao corpo, como temer, irar-se, sentir, etc. Ora, essas operações realizam-se segundo alguma mudança de determinada parte do corpo, donde se depreende que as operações da alma e do corpo são conjuntas. Logo, é necessário que da alma e do corpo se faça um todo uno, e que não sejam diversos quanto ao ser".[86] [itálico meu]

É importante, neste momento, ter bem claro do que se está falando ao mencionar *alma*, na medida em que, para S. Alberto Magno, os corpos celestes influíam até sobre a *operação intelectual da alma*, em decorrência de seus efeitos sobre o corpo.

Para S. Tomás de Aquino e S. Alberto Magno, *alma* é o princípio divino que infunde na matéria criada a possibilidade de existência viva.

---

86   Ver página 23.

Isso, diferenciado de espírito (sopro, *ruah* em hebraico), já estava presente no **Antigo Testamento:** falando sobre Deus, Jó afirma que "em Seu poder está *a alma de todo ser vivo* e o sopro de toda a humana carne".[87] [itálico meu]

Então, acompanhando os passos de Aristóteles, que dissera que a alma "é constituída de uma parte irracional e de outra, dotada de razão",[88] sendo que a parte dotada de razão é a função racional da alma e é própria do ser humano, S. Tomás de Aquino detalhou três *especializações* de alma: a) a alma vegetativa, ou nutritiva, presente nas plantas; b) a alma sensitiva, presente nos animais, que também têm a vegetativa; c) a alma racional, exclusiva dos seres humanos, que também têm a sensitiva e a vegetativa (sendo, estas duas, irracionais).

Como S. Tomás de Aquino definiu no capítulo XI de **Suma contra os Gentios**, na hierarquia da existência e no nível mais baixo das coisas estão os entes inanimados, os que não têm alma. Acima deles estão os animados (isto é, com *anima*, ou alma), em três categorias sucessivas: a) os vegetais, que caracterizam o primeiro grau de organização da vida e nos quais a alma vegetativa os move para uma forma específica, segundo seu propósito (ou *entelequia*, que vimos); b) os animais, que têm uma alma sensitiva e também se movem para uma forma, mas não determinam para si os princípios que devem reger suas escolhas e comportamentos, pois estão presos aos instintos que os determinam; c) os seres humanos, que, além de se mover para uma forma e sentir como os animais, e a despeito de

---
87 Jó 12, 10.
88 Aristóteles. *Ética a Nicômaco*. 1, 13, p. 63.

terem instintos na esfera sensitiva, podem fazer escolhas por contar com, segundo S. Tomás de Aquino, "um grau supremo e perfeito de vida, que é o da vida segundo o intelecto, pois o intelecto tem a reflexão sobre si mesmo e pode conhecer-se".[89]

Em termos contemporâneos, e pensando em alma como psique – conquanto, se quisermos ter máxima propriedade, como já lembrei, mente e alma sejam coisas distintas –, pode se dizer que estados emocionais, experimentados no corpo, e fluxos sentimentais, vividos na mente, repercutem nas funções intelectivas do indivíduo: inteligência e memória, e, por consequência, podem alterar-lhe a compreensão e a vontade, donde, também, as escolhas e ações.

Adotando-se esta releitura, podemos avançar melhor na descrição do que naquela época não era possível conceber: dinâmicas sentimentais, conexas com as *partes baixas da alma* e em geral inconscientes, mais afins ao corpo e às emoções, e *causadas pela influência dos corpos celestes*, isto é, decorrentes dos distintos fatores vitais que são denotados pelos símbolos da Astrologia – embora sejam atribuídas a objetos exteriores, os astros –, podem influir sobre as *partes nobres da alma*, mais afins à intelecção e à capacidade de reflexão e imaginação (ou fantasia), interferindo de modo poderoso na orientação da vontade do indivíduo e no exercício, por ele, do livre-arbítrio.

Para S. Alberto Magno não cabia dúvida: é claramente comprovado por meio desta ciência [a "segunda grande

---

89 S. Tomás de Aquino. *Suma contra Gentios*. Livro IV, c. 11, 4, p. 721.

sabedoria": a Astrologia] que a obediência mencionada [das coisas terrestres às influências celestes] existe e perdura, imutável,[90] razão pela qual se devia acreditar na *influência dos corpos celestes*.

Mais ainda: ele julgava que "nenhuma ciência humana alcança compreender a ordem do universo tão perfeitamente como a ciência dos julgamentos das estrelas".[91]

Segundo o **Speculum Astronomiæ**, o estudo da Astrologia demonstra que o Céu e a Terra obedecem a uma única lei imutável, o que

> "produz no homem um ardente amor por Deus a partir da compreensão de que existe apenas um Deus, glorioso e sublime no céu e na Terra, e que o movimento do inferior obedece o do superior".[92]

Na concepção de S. Alberto Magno, os corpos celestes transmitem o poder de Deus, mas, por não serem perfeitos como a Vontade divina é, acarretam dissonâncias no transcorrer da *transmissão*. Então, estudar as influências dos corpos celestes permite compreender melhor o plano divino da criação, ao mesmo tempo em que requer resistir aos impulsos negativos que os corpos celestes *injetam* durante o processo de *transmissão do poder divino*, razão pela qual o entendimento dos princípios astrológicos aumenta nosso conhecimento de Deus e ao mesmo tempo

---

90 "Nunc autem ex ista scientia convincitur evidenter, quod dicta obœdientia stet atque immutabiliter perseveret" (tradução minha) (ver nota 85).
91 "Quam universi ordinationem nulla scientia humana perfecte attingit, sicut scientia iudiciorum astrorum" (tradução minha) (ver nota 85).
92 "Numquid et haec una est ex praecipuis probationibus, quod non sit nisi unus Deus gloriosus et sublimis in caelo et in terra, si videlicet motus inferior motui superiori obœdit" (tradução minha) (ver nota 85).

nos chama a viver em maior harmonia com Seus ditames e mandamentos.

Pois, uma vez que, nas ocorrências do mundo sublunar, isto é, mundo terrestre, "Deus opera por meio dos céus, as indicações celestes nada mais são senão a divina providência".[93]

Por tudo isso, como ele também escreveu, "estas questões sobre aconselhar-se [por meio da "ciência do julgamento dos astros"] não destroem a liberdade da vontade, mas, ao contrário, ajudam a retificá-la e direcioná-la".[94]

Nisto, S. Alberto Magno seguiu bem de perto o que fora declarado no oitavo aforisma de **Centiloquium**: "um homem criterioso ajuda a encaminhar as operações celestes, assim como um homem discreto auxilia a natureza em sua lavoura, ao preparar o terreno".[95]

Todos os intelectuais medievais que escreveram na esteira do Renascimento do século XII e do surgimento das primeiras universidades europeias o fizeram sob o postulado central da Astrologia – e continuaram assim, pelos muitos séculos à frente –, segundo o qual a humanidade existe dentro do que então se supunha ser *uma teia de influências celestes que afetam o reino terrestre*, donde a acalorada discussão ética sobre a conveniência ou inconveniência moral de se prever eventos futuros pelo estudo dos movimentos dos corpos siderais, assim como sobre

---

93 "Nam in his quae operatur Dominus per caelum, nihil aliud est caeli significatio quam divina providentia" (tradução minha) (ver nota 85).
94 "Et sunt interrogationes consilii ut: quid melius fieri conveniat, hoc an illud? Et illae quae sunt consilii, non destruunt, immo potius rectificant et dirigunt arbitrii libertatem" (tradução minha) (ver nota 85).
95 <http://www.skyscript.co.uk/centiloquium1.html> (tradução minha) (acesso em março de 2017).

a necessidade de, no que diz respeito ao comportamento pessoal e às atitudes, *resistir ao efeito dos corpos celestes*.

Do que, em suma, parece se estar falando aqui?

A meu ver, a existência material e temporal é também regida por campos imateriais e intemporais de ordenamento de fenômenos, que com simplicidade foram associados (e ainda se associa hoje em dia) *ao céu*, ou a Deus ou a deuses ou a astros, sejam campos quânticos, campos mórficos, campos psicoides de arquétipos ou a Ordem Implicada, os quais são codeterminantes ou co-causadores das manifestações da existência *no chão* (ou âmbito terrestre).

No tocante aos campos mórficos, Sheldrake pôs a questão nestes termos:

> "Os campos morfogenéticos devem ser entendidos como sendo análogos aos campos conhecidos na Física, no sentido de que eles são capazes de ordenar eventos físicos mesmo sem serem observáveis diretamente. Campos gravitacionais e eletromagnéticos são estruturas espaciais invisíveis, intangíveis, inaudíveis, insípidas e inodoras; eles são detectáveis apenas por meio de seus respectivos efeitos gravitacionais e eletromagnéticos. [No caso dos campos morfogenéticos, ademais,] parece que estes campos hipotéticos são dotados da propriedade de atravessar o espaço, ou eventualmente constituir o próprio espaço".[96]

Como se nota, estamos tocando em um assunto que requer cuidado e critério, pois este é o fundamento basilar da crença em Deus, pouco importando a estrutura narrativa dentro da qual Ele seja acreditado ou concebido: a crença em que Ele Existe em uma dimensão intemporal

---

[96] Rupert Sheldrake. *A new science of life – the hypothesis of formative causation*, 1981, p. 94 (tradução minha).

e imaterial – se é que *dimensão*, aqui, é boa palavra... – e, *desde lá*, de modo intemporal e imaterial, expressa ação criativa no tempo e na matéria.

Como S. Agostinho alertou em **A Trindade**, é:

> "difícil intuir e conhecer plenamente a substância de Deus, que faz as coisas mutáveis sem mudança em si mesmo, e cria as coisas temporais sem qualquer relação com o tempo".[97]

Por isso é trivial supor que, ao falar de ação determinante ou causal a partir *de fora do espaço e do tempo*, se esteja necessariamente falando de Deus – e, por aí também, as hipóteses e conclusões a que a Física dos séculos XX e XXI vem chegando parecem, tanto, se aproximar da Filosofia e da Religião, especialmente dos teísmos *não pessoalizados*, isto é, nos quais Deus não é Pessoa, como o Taoísmo e o Zen-Budismo.

Mas não precisa, e a meu ver nem deve, haver referência a Deus para pensar em fatores imateriais e intemporais de cocausação, ou se supor que tais fatores decorrem exclusivamente de direta ação divina.

Podemos deixar Deus fora desta discussão e avançar nela independente de em que se creia, dando-se o mesmo com a Astrologia, que é matéria de razão e, não, de fé.

Ouça com atenção as palavras do sábio italiano Galileu Galilei, enviadas em 1615 em carta pessoal para Cristina de Lorena, Grã-Duquesa da Toscana e da Casa dos Médici:

---

[97] S. Agostinho. *A Trindade*. Livro 1, cap. 1, 3, p. 25.

> "Parece-me que, nas discussões respeitantes aos problemas da natureza, não se deve começar por invocar a autoridade de passagens das Escrituras [embora ele falasse da Bíblia, penso caber aqui, também, outros textos santos]; é preciso, em primeiro lugar, recorrer à experiência dos sentidos e a demonstrações necessárias. Com efeito, a Sagrada Escritura e a natureza procedem igualmente do Verbo divino, sendo aquela ditada pelo Espírito Santo e, esta, uma executora perfeitamente fiel das ordens de Deus. Ora, *para se adaptarem às possibilidades de compreensão do maior número possível de homens, as Escrituras dizem coisas que diferem da verdade absoluta, quer na sua expressão, quer no sentido literal dos termos. A natureza, pelo contrário, conforma-se inexorável e imutavelmente às leis que lhe foram impostas, sem nunca ultrapassar os seus limites e sem se preocupar em saber se as suas razões ocultas e modos de operar estão dentro das capacidades de compreensão humana.* Daqui resulta que os efeitos naturais e a experiência sensível que se oferece aos nossos olhos, bem como as demonstrações necessárias que daí retiramos, não devem, de maneira nenhuma, serem postas em dúvida, nem condenadas em nome de passagens da Escritura, mesmo quando o sentido literal [dos textos] parece contradizê-las.[98] [itálico meu]

Isso, porque o entendimento adequado da Bíblia inumeráveis vezes exige a ultrapassagem dos sentidos literais do texto, como S. Agostinho alerta em **Doutrina cristã**:

> "O homem temente a Deus procura diligentemente a verdade divina nas santas Escrituras. Munido do conhecimento das línguas, que não se veja embaraçado por palavras ou expressões desconhecidas. *Provido de certos conhecimentos necessários, que saiba identificar a natureza e as propriedades das coisas quando empregadas a título de comparação.* Finalmente, apoiado na exatidão do texto obtido por trabalho consciencioso de correção, que ele, assim preparado, possa dissipar e resolver as ambiguidades das Escrituras (...) Mas, no caso de dois sentidos, ou todos eles, caso forem muitos, resultarem ambíguos, sem nos afastarmos da fé resta-nos consultar o contexto anterior e o seguinte à passagem onde está a ambiguidade. Veremos por aí, entre os diversos

---

98   Apud Luciano Volcanoglo Biehl. *A ciência ontem, hoje e sempre*, p. 66.

sentidos que se oferecem, qual o melhor ou com o qual o texto mais se harmoniza".[99] [itálico meu]

Retornando ao tema dos fatores imateriais e intemporais no nível subatômico, ou quântico, pense no imaterial e intemporal Campo de Higgs, que está em todo canto do universo e graças a sua existência é que partículas, exceto os fótons, ao interagirem dinamicamente com ele, passam a ter massa e a ser matéria no tempo e espaço.

No nível em que existimos, atômico e molecular, e ao menos no concernente aos campos mórficos e campos psicoides de arquétipos, eles parecem ser decorrentes de uma existência que se deu *no chão* antes de eles mesmos se conformarem *no céu* e, *do céu*, doravante passarem a influir e até determinar o que se passa *no chão*, em permanente ressonância recursiva e mútua cocausação, a partir de *fora do espaço e do tempo*, mas em estreita correlação dinâmica com o que se dá *no espaço e no tempo*.

Isto é: o que na época de S. Alberto Magno e de S. Tomás de Aquino se acreditava ser *uma teia de influências celestes*, de fato pode ser uma *teia de campos imateriais e intemporais* cocausando a existência como a conhecemos e sendo apontada simbolicamente pela Astrologia Arquetípica.

De toda forma, e sendo assim ou não, *evitar o efeito dos corpos celestes* ou *resistir às paixões suscitadas por eles*, como discutido atrás – ou, em outras palavras, lidar de modo adequado com os dinamismos mentais, emocionais e corporais denotados pelos símbolos astrológicos –, implica

---

99 S. Agostinho. *A doutrina cristã*. Livro III, cap. 1, p. 151-152.

bem mais do que assumir decisão moral ou ética adequada, ou apenas deixar-se orientar pela fé: isto demanda transformação pessoal íntima, com a pessoa se capacitando para a evitação ou resistência.

Provavelmente, também a esta transformação interior S. Paulo se referia ao pedir:

> "Despojai-vos do homem velho com as suas práticas e revesti-vos do homem novo, que se renova para o conhecimento, segundo a imagem do seu criador".[100]

Ocorre que este "homem novo" só poderá ser redivivo após passar por dentro de si próprio, no único modo sustentável de reformar-se interiormente, como S. Agostinho convidou:

> "Não saias de ti, mas volta para dentro de ti mesmo, a Verdade habita no coração do homem".[101]

Porquanto tal capacitação pessoal requer autoconhecimento, como S. Teresa de Ávila alertou:

> "A questão de nos conhecer é tão importante que eu gostaria que não houvesse nenhuma negligência, por mais elevadas que estejais no céu [...][102] E assim volto a dizer que é muito bom, extremamente bom, entrar primeiro no aposento do conhecimento próprio antes de voar aos outros, porque esse é o caminho. Se podemos ir pelo seguro e plano, por que haveremos de querer asas para voar? Devemos, ao contrário, aprofundar-nos mais no conhecimento de nós mesmas".[103]

---

100 Cl 3, 9-10.
101 S. Agostinho. *A verdadeira religião*. Cap. 39, 72, p. 98.
102 Ela escrevia para suas irmãs conventuais carmelitas.
103 S. Teresa de Ávila. *Escritos de Teresa de Ávila. Castelo Interior, Primeiras moradas.* Cap. 2, 9, p. 448-449.

A Astrologia do século XXI – e aqui me atenho especificamente às especializações da Astrologia mais afins às Ciências da Consciência, dedicadas a descrever e compreender o comportamento humano – vencendo a muito custo o ancião e teimosamente recorrente conceito de *influência dos corpos celestes* – como se de *energia dos astros* tivesse se tratado algum dia! –, e enriquecida por conceitos mais recentes e próprios, entre outras áreas de conhecimento científico, da Biologia, da Física de Partículas, da Psicologia e da Semiologia, especialmente a Simbólica, oferece recursos interpretativos que permitem identificar e descrever as dinâmicas inconscientes residentes e atuantes no indivíduo.

Isto propicia um melhor entendimento das razões profundas de atitudes e escolhas, que são independentes, em certa medida, estas razões, de como a vontade consciente se orienta, exatamente para que seja possível lidar com tais poderosas dinâmicas de modo a facilitar à pessoa o realinhamento da sua vontade íntima ou expressada, tanto quanto necessário e possível, e orientá-la para o Bom, Belo e Verdadeiro – quando houver a intenção de fazê-lo, é bom lembrar, o que é escolha do livre-arbítrio.

Neste sentido, e a meu ver somente nele, é que também se deve entender a possibilidade de a Astrologia auxiliar a prognosticar, com alto grau de probabilidade, o que poderá acontecer na vida de alguém em momento vindouro.

A detecção de dinamismos inconscientes residentes e influentes, e de como eles estarão atuando no indivíduo em ocasião futura, segundo aquilo que a simbologia astrológica denota no decorrer do tempo, conforme cálculos matemáticos específicos para a disposição simbólica referente a época por vir, permite construir com maior ou menor grau de acerto um rico conjunto de possibilidades de ocorrência, dentre as formas humanas mais costumeiras de atuar sob a influência de dinamismos internos específicos e de respostas ambientais a eles, por sincronicidade ou advindas das reações de outrem às atitudes da pessoa.

Junto a isso, permite deduzir a *marca do tempo* de algum instante posterior estudado, segundo a simbologia astrológica e os campos denotados por ela, sejam mórficos ou psicoides, e o cortejo de eventos peculiares que, por sincronicidade, com maior probabilidade estarão ocorrendo em torno do indivíduo naquele exato tempo (*kairós*), e não em outro, compondo um quadro geral amplamente perceptível, devendo ser todas as vezes frisado que, ocorrendo o acaso ou a Vontade de Deus, este quadro poderá ser outro em variável medida, o que nem sempre é suficientemente considerado.

Dentro de tal quadro geral, então mais bem conhecido, o indivíduo pode buscar exercer a livre vontade com maior propriedade, de acordo com seus valores pessoais e o estágio ou nível de consciência moral em que estiver.

Vista deste modo, a Astrologia contemporânea, notadamente a Astrologia Arquetípica que persigo – de perfil psicodinâmico, mas indo além disto – no tocante ao ser humano e suas iniciativas de busca de autoconhecimento para autoaperfeiçoamento íntimo, pode ser um vigoroso recurso propiciador de informação para melhoria de si, antes do que tão somente ferramenta de *adivinhação de futuro* em busca de proteção contra ameaças ou de preparação para aproveitar melhor o que poderá vir a ser – embora haja quem a utilize buscando apenas obter controle e poder, tal qual se alerta no **Catecismo** da Igreja Católica, que vimos no começo deste estudo.

Como sugeri em **Astrologia Arquetípica, autoconhecimento e espiritualidade**:

> "Para sanar as 'doenças da alma' e poder agir mais de acordo com o arbítrio consciente, não há outro caminho senão o do autoconhecimento, até o nível mais profundo atingível, deixando mais claro para si o que lhe é plausível e, dentro deste limite, optando entre as alternativas existentes (que, em grande parte, inclusive, não dependem de preferência pessoal ou escolha).
> Só assim alguém consegue vencer em grau variável as determinações originadas na dinâmica de seu inconsciente e, de certo modo, ao trabalhar por modificar tais dinamismos, também alterar, em medida variável, o conjunto de eventos de sua vida, pela sincronicidade. Ou por talvez, também, ao trabalhar sobre si, conseguir interferir no campo mórfico que correlaciona aspectos inconscientes seus a específicos tipos de eventos exteriores, mesmo sem saber que ou como o faz, alterando em também variável medida o esquema geral até então predominante na sua existência".[104]

༺❀༻

Com tudo isto em mente é que penso que a Astrologia pode ser um recurso útil para o cristão, seja católico apostólico romano, ortodoxo oriental ou protestante, ao

---

104 Luiz Carlos C. Teixeira de Freitas. *Astrologia Arquetípica, autoconhecimento e espiritualidade*, p. 89.

ajudá-lo a detectar com maior precisão minuciosa o panorama inconsciente que reside em sua memória – pessoal e transpessoal – e influencia sua vontade sem que sua inteligência o saiba, possibilitando-lhe, então, atuar decisivamente sobre este cenário interno a partir de seus próprios valores éticos e morais, buscando renová-lo por catarse e ressignificação, o quanto consiga, para poder ser uma melhor pessoa.

Catarse, porque as experiências já vividas deixam resíduos inconscientes dos diferentes estados emocionais um dia experimentados, levando à memorização de sentimentos que costumam estar na base de hábitos pessoais de comportamento e precisam ser revividos, se é que se almeja o descondicionamento, para maior livre-arbítrio.

Ressignificação, porque o mundo e a relação pessoal com ele são, antes de qualquer coisa, elaboração na mente por meio de imagens, entre as quais as associadas a palavras e situações; a ressignificação, por conseguinte, permite redesenhar a imagem internalizada das situações já havidas e redefinir a postura pessoal frente a elas e a novas, redundando em maior liberdade de resposta, por escolha e ação.

Se S. Paulo incitou que:

> "Não vos conformeis ao mundo presente, mas sede transformados pela renovação da vossa inteligência, para discernirdes qual é a vontade de Deus: o que é bom, o que lhe é agradável, o que é perfeito"[105],

---

105 Rm 12, 2.

já que, como ele também declarou:

> "O Reino de Deus não consiste em palavras, mas em ação"[106],

apenas a ampliação responsável e facilitada do autoconhecimento permite isto tudo, com a consequente e mais bem possibilitada avaliação e revisão, pelo indivíduo, dos valores e das escolhas que o têm orientado.

E tal aprofundamento em si para melhoria íntima, quando este é o propósito, é um dos frutos mais preciosos que a Astrologia pode oferecer a um cristão, a despeito de como veio sendo (mal) compreendida no lento escoar dos séculos.

---

[106] 1Cor 4, 20.

Referências bibliográficas

Aristóteles. *De generatione et corruptione* (Sobre geração e corrupção) (Ver Martins, Ricardo A.).

_____. *Ética a Nicômaco*. São Paulo: Abril Cultural, 1984, p. 63.

_____. *Meteorologica* (Ver Martins, Ricardo A.).

Arroyo, Stephen. *Astrología, Psicología e los cuatro elementos*. Buenos Aires: Kier, 2007.

Baracat Junior, José C. Tese de Doutorado em Linguística no Instituto de Estudos da Linguagem da Unicamp, 2006.

Bíblia – Tradução Ecumênica. *Antigo Testamento (Deuteronômio, Jeremias, Jó)*. São Paulo: Loyola.

Bíblia – Tradução Ecumênica. *Novo Testamento (Romanos, Colossenses, 1 Coríntios)*. São Paulo: Loyola.

Bohm, David. *A totalidade e a ordem implicada*. São Paulo: Madras, 2008.

Bourdieu, Pierre. *A economia das trocas simbólicas*. São Paulo: Perspectiva, 2007.

Burr, Harold S. *Blueprint for immortality – the electric patterns of life*. Londres: Neville Spearman, 1972.

Burtt, E. A. *As Bases Metafísicas da Ciência Moderna.* Distrito Federal: Universidade de Brasília, 1991.

Carter, Charles. *Enciclopedia de Astrología Psicológica.* Buenos Aires: Kier, 1966.

Catecismo da Igreja Católica (Santa Sé). Disponível em <http://www.vatican.va/archive/cathechism_po/index_new/p3s2cap1_2083-2195_po.html> (acesso em março de 2017).

Comte, Augusto. *Curso de Filosofia Positiva.* São Paulo: Abril, 1978.

Damásio, António R. *O mistério da consciência.* São Paulo: Companhia das Letras, 2000.

Dariot, Claude. *Introdução ao julgamento dos astros.* Disponível em <http://www.astrologiamedieval.com/tabelas/Claude_Dariot_L'introduction_au_jugement_des_astres.pdf> (acesso em março de 2017).

Einstein, Albert. *Teoria da Relatividade Especial e Geral.* Rio de Janeiro: Contraponto, 1999.

Hendrix, Scott Edward. *God's Deaf and Dumb Instruments: Albert the Great's Speculum Astronomiae and four centuries of readers.* Knoxville: Universidade do Tennessee, 2007.

Jung, Carl G. *Aion – Estudos sobre o simbolismo do si-mesmo.* Petrópolis: Vozes, 1982.

_____. *Cartas: 1906-1945.* Petrópolis: Vozes, 1999.

_____. *Cartas: 1946-1955.* Petrópolis: Vozes, 2002.

_____. *Cartas: 1956-1961.* Petrópolis: Vozes, 2003.

_____. *Os arquétipos e o inconsciente coletivo.* Petrópolis: Vozes, 2000.

Jung, Carl G. *Psicologia e Alquimia*. Petrópolis: Vozes, 1990.

_____. *Sincronicidade: um princípio de conexões acausais*. Petrópolis: Vozes, 2005.

Kepler, Johannes. *Tertius Interveniens*. Disponível em <http://www.faculty.umb.edu/gary_zabel/Courses/Phil%20281b/Philosophy%20of%20Magic/Arcana/Renaissance/15kep-en.html> (acesso em março de 2017).

Le Mouël, Gilbert. *Astrologia e fé cristã*. São Paulo: Edições Loyola, 1994.

Macho, Rafael G. *Edición y comentário de "De Mirabilibus mundi" de Pseudo Alberto Magno*. Tese de Doutorado defendida em 2015 no Departamento de Filologia da Uned – Universidad de Educación a la Distancia, Madri, 2015.

Martins, Roberto de Andrade. *A influência de Aristóteles na obra astrológica de Ptolomeu (Tetrabiblos)*. Campinas: Grupo de História e Filosofia da Ciência – Unicamp – Trans/Form/Ação, 18: 51-78, 1995.

Morin de Villefranche, Jean-B. *Astrologia gálica – a teoria da determinação ativa dos corpos celestes*. Disponível em <https://pt.scribd.com/document/36424423/Morin-de-Villefranche-Libro-XVII> (acesso em março de 2017).

Papa Bento XVI. *Audiência Geral*, Praça de São Pedro, 24.03.10.

Papa João Paulo II. *Carta Encíclica Fé e Razão*, 14.09.1998.

Pischler, Nadir A. *A natureza da alma intelectiva em Tomás de Aquino*. Revista Intuitio. Porto Alegre: PUC/RS, nov. 2008.

Plotino. *Enéada II* (Ver Baracat Junior, J. C.).

Ptolomeu, Claudio. *Almagesto*. Disponível em <http://www.zenite.nu/historia-das-constelacoes-ocidentais/> (acesso em março de 2017).

_____. *Centiloquium*. Disponível em <http://www.skyscript.co.uk/centiloquium1.html> (acesso em março de 2017).

_____. *Tetrabiblos*. Disponível em <https://espacoastrologico.org/a-influencia-de-aristoteles-na-obra-astrologica-de-ptolomeu-i/> (acesso em março de 2017).

Robson, Vivian. *Las estrellas fijas y las constelaciones en la Astrología*. Málaga: Sirio, [s. d.], p. 88.

Rudhyar, Dane. *A prática da Astrologia*. São Paulo: Pensamento, 1985.

S. Agostinho. *A verdadeira religião*. São Paulo, SP: Paulus, 2002.

_____. *A Trindade*. São Paulo: Paulus, 1994.

_____. *Cidade de Deus*. Lisboa: Fundação Calouste Gulbenkian, 1996.

_____. *Confissões*. Petrópolis: Vozes, 2015.

_____. *Doutrina cristã*. São Paulo: Paulus, 2002.

S. Alberto Magno. *De fato*. Disponível em <http://albertusmagnus.uwaterloo.ca/Downloading.html> (acesso em março de 2017).

_____. *De mirabilibus mundi* (obra apócrifa atribuída a ele).

_____. *Speculum Astronomiæ* (Ver Zambelli, Paola e Hendrix, Scott E.).

S. Basílio de Cesareia. *Hexameron* (Ver Le Mouël, Gilbert).

Sheldrake, Rupert. *A new science of life – the hypothesis of formative causation*. Londres: Blond & Briggs, 1981.

Sheldrake, Rupert. *An experimental test of the hypothesis of formative causation.* Disponível em <http://www.sheldrake.org/files/pdfs/papers/formative.pdf> (acesso em março de 2017).

Speman, Hans. *The organizer-effect in embryonic development. Nobel Lecture,* 12.12.35.

Stapp, Henry. *Are superluminal connections necessary?* Il Nuovo Cimento B, vol. 40, 1, 1977.

S. Teresa de Ávila. *Escritos de Teresa de Ávila. Castelo Interior, Primeiras moradas.* Cap. 2, 9. São Paulo: Loyola, 2002.

S. Tomás de Aquino. *Suma contra os Gentios.* Porto Alegre: PUC/RS, 1997, p. 534.

_____. *Suma Teológica.* Madri: Biblioteca de Autores Cristianos, 1989.

Teixeira de Freitas. Luiz Carlos C. *Astrologia Arquetípica, autoconhecimento e espiritualidade.* São Paulo: Clube de Autores, 2013.

_____. *Por uma Filosofia da Astrologia.* São Paulo: Clube de Autores, 2014.

_____. *Astrologia Arquetípica e comportamento, de Ptolomeu a Jung na teia do mundo.* São Paulo: Clube de Autores, 2015.

Zambeli, Paolla. *The "Speculum Astronomiæ" and its Enigma: Astrology, Theology and Science in Albertus Magnus and his Contemporaries.* Nova Iorque: Springer, 1992.

Esta obra foi composta em CTcP
Capa: Supremo 250g – Miolo: Pólen Soft 80g
Impressão e acabamento
Gráfica e Editora Santuário